PALAVRA POR PALAVRA

ANNE LAMOTT

PALAVRA POR PALAVRA

Instruções sobre escrever e viver

SEXTANTE

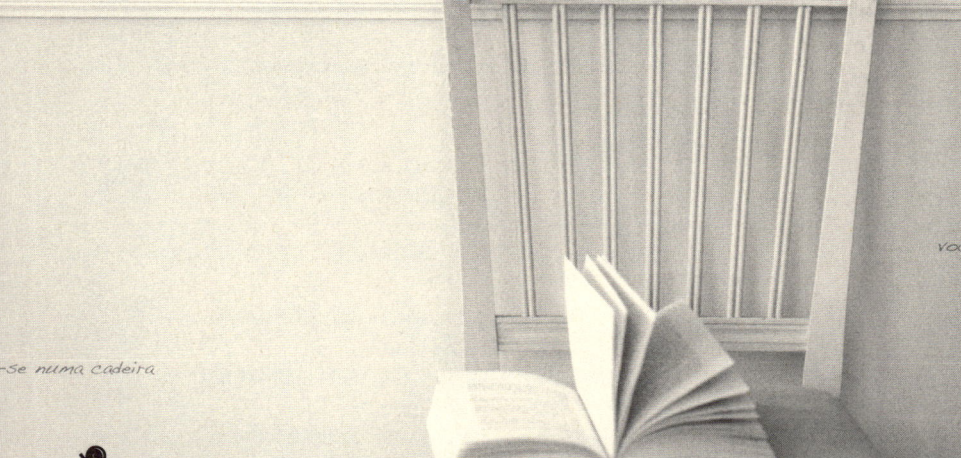

Título original: *Bird by Bird*

Copyright © 1994 por Anne Lamott
Copyright da tradução © 2011 por GMT Editores Ltda.

Todos os direitos reservados. Nenhuma parte deste livro pode ser utilizada ou reproduzida sob quaisquer meios existentes sem autorização por escrito dos editores.

tradução: Marcello Lino
preparo de originais: Rachel Agavino
revisão: Hermínia Totti, José Tedin e Luis Américo Costa
diagramação: Valéria Teixeira
capa: DuatDesign
imagem de capa: Simon Watson/ Getty Images
impressão e acabamento: Associação Religiosa Impressa da Fé

CIP-BRASIL. CATALOGAÇÃO NA PUBLICAÇÃO
SINDICATO NACIONAL DOS EDITORES DE LIVROS, RJ

L233p

Lamott, Anne
  Palavra por palavra / Anne Lamott ; tradução Marcello Lino. - 1. ed. - Rio de Janeiro : Sextante, 2023.
  224 p. ; 21 cm.

Tradução de: Bird by bird
ISBN 978-65-5564-541-5

1. Escrita. 2. Autoria. 3. Criação (Literária, artística, etc.). I. Lino, Marcello. II. Título.

22-80459　　　　　　　　　CDD: 808.02
　　　　　　　　　　　　　CDU: 808.1

Meri Gleice Rodrigues de Souza - Bibliotecária - CRB-7/6439

Todos os direitos reservados, no Brasil, por
GMT Editores Ltda.
Rua Voluntários da Pátria, 45 – Gr. 1.404 – Botafogo
22270-000 – Rio de Janeiro – RJ
Tel.: (21) 2538-4100 – Fax: (21) 2286-9244
E-mail: atendimento@sextante.com.br
www.sextante.com.br

*Este livro é dedicado a Don Carpenter,
Neshama Franklin e John Kaye*

SUMÁRIO

INTRODUÇÃO   9

PARTE UM   Escrever   27
- COMEÇANDO   28
- PEQUENAS TAREFAS   39
- PRIMEIROS ESBOÇOS RUINS   42
- PERFECCIONISMO   47
- LANCHES ESCOLARES   51
- POLAROIDES   57
- PERSONAGEM   61
- TRAMA   70
- DIÁLOGO   78
- CENÁRIOS   86
- FALSOS COMEÇOS   91
- ARGUMENTO   95
- COMO VOCÊ SABE QUE TERMINOU?   102

PARTE DOIS   A mentalidade certa para escrever   105
- OLHAR À SUA VOLTA   106
- O PONTO DE VISTA MORAL   111
- BRÓCOLIS   117
- ESTAÇÃO DE RÁDIO QMRD   122
- INVEJA   127

PARTE TRÊS   Ajuda ao longo do caminho   135
   FICHAS   136
   LIGAR PARA AS PESSOAS   145
   GRUPOS DE REDAÇÃO   150
   ALGUÉM PARA LER SEUS ESBOÇOS   158
   CARTAS   166
   BLOQUEIO DE ESCRITOR   169

PARTE QUATRO   Publicação – e outros motivos para escrever   175
   REDIGIR UM PRESENTE   176
   ENCONTRANDO A SUA VOZ   184
   DOAR-SE   190
   PUBLICAÇÃO   195

PARTE CINCO   A última aula   207

   APÊNDICE   218
   CRÉDITOS DE TEXTOS REPRODUZIDOS   221
   AGRADECIMENTOS   222
   SOBRE A AUTORA   223

INTRODUÇÃO

Meu pai e minha mãe liam sempre que tinham oportunidade e, toda quinta-feira à noite, iam comigo e com meus irmãos à biblioteca para que pegássemos livros para a semana seguinte. Quase todas as noites, depois do jantar, meu pai se esticava no sofá para ler, minha mãe ficava sentada na poltrona com seu livro, enquanto nós, os três filhos, nos recolhíamos em nossos cantos particulares de leitura. Geralmente, nossa casa ficava muito silenciosa à noite – a menos que alguns dos amigos de meu pai estivessem nos visitando. Ele era escritor, assim como a maioria dos homens com quem andava. Eles não eram as pessoas mais silenciosas do mundo, mas, de modo geral, eram muito cordiais. À tarde, depois do trabalho, eles costumavam ir ao bar sem nome em Sausalito, mas às vezes iam tomar uns drinques lá em casa e acabavam ficando para o jantar. De vez em quando, um deles desmaiava sobre a mesa. Embora os adorasse, eu era uma criança ansiosa e achava aquilo desconcertante.

Todas as manhãs, independentemente da hora em que havia ido dormir, meu pai se levantava às cinco e meia, ia para o escritório e escrevia durante cerca de duas horas. Em seguida, preparava o café da manhã para todos, lia o jornal com minha mãe e voltava a trabalhar até a hora do almoço. Levei muitos anos para perceber que ele havia escolhido aquele trabalho e que não estava desempregado nem tinha problemas mentais. Eu queria que ele tivesse um emprego convencional, que usasse gravata, que saísse com os outros pais, ficasse sentado numa pequena sala e fumasse. Mas a ideia de passar dias inteiros num escritório trabalhando para outra pessoa não combinava com a alma dele. Acho que isso o teria matado. Meu pai morreu cedo, aos 50 e poucos anos, mas pelo menos viveu como queria.

Portanto, cresci com esse homem que ficava sentado à mesa de seu escritório o dia inteiro e escrevia livros e artigos sobre os lugares e as pessoas que tinha visto e conhecido. Ele lia muita poesia. Às vezes viajava. Uma das dádivas de ser escritor é que a profissão lhe dá uma desculpa para fazer certas coisas, ir a alguns lugares e explorá-los. Outra vantagem é que escrever nos motiva a olhar a vida mais de perto.

A escrita ensinou meu pai a prestar atenção. Ele, por sua vez, ensinou outras pessoas a fazerem o mesmo e depois anotarem suas observações e seus pensamentos. Seus alunos eram os prisioneiros de San Quentin que participavam de um programa de redação criativa. Mas ele também nos deu importantes lições, sobretudo por meio do exemplo. Ele nos ensinou a escrever um pouquinho a cada dia e a ler todos os grandes livros e peças que chegassem a nossas mãos; a ler poesia, a sermos ousados e originais e a nos permitirmos cometer erros. Porém, embora tenha ajudado a mim e aos prisioneiros a descobrir que queríamos compartilhar uma infinidade de sentimentos, observações, lembranças, sonhos e opiniões, todos nós ficamos um pouco ressentidos quando encontramos uma única condição: em algum momento tínhamos que sentar e escrever.

Ainda que eu sempre tenha achado essa tarefa difícil, acredito que foi mais fácil para mim do que para os prisioneiros, porque eu ainda era criança. Comecei a escrever aos 7 ou 8 anos. Eu era muito tímida e tinha uma aparência estranha, gostava mais de ler do que de fazer qualquer outra coisa, pesava cerca de 20 quilos e era tão tensa que caminhava com os ombros levantados até as orelhas. Andava assim por causa dos meninos mais velhos que zombavam de mim. Era como se estivessem me metralhando. Acho que eu tentava tapar os ouvidos com os ombros. Uma vez, assisti à filmagem de uma festa de aniversário a que eu tinha ido quando estava na primeira série, com todas aquelas crianças engraçadinhas brincando juntas. De repente, eu atravessava a tela sorrateiramente. Era muito provável que fosse eu quem me tornaria uma assassina em série ou teria dezenas de gatos quando crescesse. Em vez disso, me tornei engraçada. Depois comecei a escrever, embora nem sempre escreva coisas engraçadas.

O primeiro poema que escrevi e que atraiu certa atenção era sobre John Glenn. Começava assim: "O coronel John Glenn foi para o céu / em sua nave espacial, *Amizade Sete*." Havia muitos versos. Era como as antigas baladas inglesas que minha mãe nos ensinava enquanto tocava piano, com 30 ou 40 versos cada.

A professora leu meu poema para a turma de segunda série. Foi um momento importante. As outras crianças me olharam como se eu tivesse aprendido a dirigir. O fato é que a professora inscrevera o poema em uma competição de escolas estaduais da Califórnia e ele havia sido premiado. Depois foi reproduzido em uma coletânea mimeografada. Logo percebi a emoção de ter um trabalho publicado. É uma espécie de verificação primal: você é publicado, logo existe. Quem sabe de onde vem essa necessidade de aparecer fora de si mesmo em vez de se sentir aprisionado dentro de sua mente confusa? Ver seu trabalho publicado é uma coisa incrível: você pode obter muita atenção sem precisar realmente aparecer em lugar nenhum. Embora outras pessoas que têm algo a dizer ou que desejam ser marcantes – como músicos, atletas ou políticos – precisem aparecer em público, os escritores, que costumam ser tímidos, podem ficar em casa e ainda assim ser famosos.

Às vezes eu ficava no chão do escritório de meu pai, escrevendo meus poemas, enquanto ele se sentava à escrivaninha redigindo seus livros. A cada dois anos, uma nova obra dele era publicada. Em nossa casa, os livros eram reverenciados e os grandes escritores eram mais admirados do que quaisquer outras pessoas. As obras especiais ocupavam lugar de destaque: na mesa de centro, em cima do rádio e no banheiro. Cresci lendo elogios em capas empoeiradas e resenhas dos livros de meu pai nos jornais. Tudo isso fez com que eu começasse a querer ser escritora – ser artista, um espírito livre e também uma das raras pessoas da classe trabalhadora que controlava a própria vida.

Apesar de tudo, eu me preocupava com a possibilidade de faltar dinheiro em nossa casa. Preocupava-me com a ideia de que meu pai se tornasse um vagabundo, como alguns de seus amigos escritores. Lembro que, quando eu tinha 10 anos, meu pai publicou um artigo numa revista dizendo que havia passado uma tarde numa varanda de frente para a praia Stinson, com um grupo de escritores, bebendo muito vinho tinto e fumando maconha. Naquela época ninguém fumava maconha, a não ser músicos de jazz, que também eram viciados em heroína. Pais de família de classe média não deviam fumar maconha; eles deviam velejar ou jogar tênis. Os pais de minhas amigas, que eram professores, médicos, bombeiros e advogados, não fumavam maconha. A maioria nem bebia e certamente não tinha colegas que os visitavam e desmaiavam na mesa de jantar. Ao ler o artigo de meu pai, eu só conseguia imaginar que o mundo estava desmoronando, que, da próxima vez que eu entrasse em seu escritório para mostrar meu boletim, o encontraria encolhido embaixo da escrivaninha, olhando para mim como um lobo acuado. Eu sentia que aquilo seria um problema; tinha certeza de que seríamos excluídos de nossa comunidade.

Tudo o que sempre quis foi me sentir parte de alguma coisa.

Quando estava na oitava série, eu ainda era muito magra. Tinha 12 anos e durante a maior parte da vida haviam zombado de minha aparência. É difícil ser diferente em meu país – os Estados Unidos da Publicidade, como Paul Krassner costuma dizer – e se você é magro demais, alto demais, gordo, negro, esquisito, baixo, simples, pobre ou míope, é crucificado. Eu fui.

Mas eu era engraçada. Então as crianças populares me deixavam andar com elas, ir às festas e vê-las namorar. Isso, como você pode imaginar, não ajudava muito minha autoestima. Eu me achava um fracasso total. Porém, um dia peguei caderno e caneta e fui à praia Bolinas com meu pai (que, até onde eu sabia, ainda não estava usando drogas). Com o equivalente para um escritor de tela e pincel, redigi uma descrição do que vi: "Caminhei até o lábio d'água e deixei que a língua espumosa daquele líquido em movimento lambesse meus dedos. Um siri cavou um buraco a alguns centímetros do meu pé e depois desapareceu na areia úmida..." Vou poupá-lo do resto. A descrição continua por um bom tempo. Meu pai me convenceu a mostrar o texto à professora e ele acabou sendo incluído em um livro didático de verdade. Aquilo impressionou profundamente meus professores, meus pais e algumas crianças, até mesmo as populares, que me convidaram para mais festas para que eu pudesse observá-las namorar com frequência ainda maior.

Um dia, depois da aula, uma das garotas populares foi passar a noite em minha casa. Minha mãe e meu pai estavam comemorando a chegada do novo romance dele, recém-saído da gráfica. Estávamos todos muito felizes e orgulhosos e aquela garota achava que eu tinha o pai mais legal do mundo: um escritor. (O pai dela vendia carros.) Saímos para jantar e brindamos uns aos outros. As coisas na nossa família não podiam estar melhores e havia uma amiga ali para testemunhar tudo.

Naquela mesma noite, antes de irmos dormir, peguei o novo livro e comecei a ler a primeira página para minha amiga. Estávamos deitadas lado a lado, em sacos de dormir, no chão do meu quarto. Por acaso, a primeira página era sobre um homem e uma mulher na cama, fazendo sexo. O homem estava brincando com o mamilo dela. Comecei a dar risadinhas cada vez mais histéricas. "Ah, isto é incrível", pensei, sorrindo para minha amiga. Cobri a boca com a mão e, com um gesto, fingi que estava prestes a arremessar aquele livro tolo por cima do ombro. "Isto é maravilhoso", pensei, jogando a cabeça para trás para rir alegremente, "meu pai escreve pornografia".

Morri de vergonha. Nunca mencionei o livro para meu pai, embora, nos anos seguintes, eu o tenha lido tarde da noite, procurando outros trechos sensuais – e havia vários. Aquilo era muito confuso. Eu me sentia amedrontada e triste.

Então aconteceu uma coisa estranha: meu pai escreveu para uma revista um artigo chamado "A Lousy Place to Raise Kids" ("Um péssimo lugar para criar seus filhos"), sobre o condado de Marin e, especificamente, a comunidade onde morávamos, que é um lugar tão bonito quanto se possa imaginar. No entanto, no que dizia respeito à incidência de alcoolismo, nossa península só ficava atrás dos indígenas americanos das favelas de Oakland. E o abuso de drogas entre os adolescentes era, como meu pai escreveu, de causar arrepios na alma, além da crescente taxa de divórcios, colapsos nervosos e comportamento sexual inadequado. Meu pai escreveu desdenhosamente sobre os homens da comunidade, seus valores e seu frenesi materialista; e também sobre suas esposas, "essas mulheres admiráveis, casadas com médicos, arquitetos e advogados, usando trajes de tênis ou vestidos de algodão, bronzeadas e conservadas, percorrendo os corredores dos supermercados com um brilho de loucura nos olhos". Ninguém em nossa cidade saiu bem no retrato pintado por meu pai. "Esta é a grande tragédia da Califórnia", escreveu ele no último parágrafo, "pois uma vida orientada para o ócio é, no final das contas, uma vida orientada para a morte – o maior ócio de todos."

Só havia um problema: eu era uma ávida jogadora de tênis. As senhoras tenistas eram minhas amigas. Eu treinava todas as tardes no mesmo clube que elas; ficava sentada com elas nos fins de semana e esperava que os homens (que tinham prioridade) parassem de jogar para que nós pudéssemos usar as quadras. E meu pai fez com que elas parecessem zumbis decadentes.

Achei que estávamos arruinados. Porém meu irmão mais velho voltou da escola naquela semana com uma cópia do artigo de meu pai, que seus professores de estudos sociais e de inglês haviam distribuído em sala de aula. John era um herói para seus colegas de turma. A reação na comunidade foi imensa: nos meses seguintes, fui esnobada por vários homens e mulheres no clube de tênis, mas, ao mesmo tempo, pessoas paravam meu pai na rua enquanto caminhávamos juntos e apertavam sua mão como se ele lhes tivesse prestado um favor pessoal. Mais tarde naquele verão, entendi como aquelas pessoas se sentiam quando li *O apanhador no campo de centeio* pela primeira vez e descobri como era a sensação de ter alguém falando por você, a emoção de fechar um livro sentindo triunfo e alívio, um animal social isolado que finalmente estabeleceu contato.

NO ENSINO MÉDIO, comecei a escrever muito: diários, artigos antibélicos inflamados, paródias de escritores que eu admirava. E passei a notar uma coisa importante: as outras crianças sempre queriam que eu lhes contasse histórias sobre o que havia ocorrido, mesmo – ou sobretudo – quando faziam parte do acontecimento. Festas organizadas por nós, discussões na sala de aula ou no pátio, cenas envolvendo seus pais – eu podia fazer aquelas histórias acontecerem. Podia torná-las animadas e engraçadas, podia até exagerar alguma parte, para que o evento se tornasse quase mítico e as pessoas envolvidas parecessem maiores, criando uma sensação de importância.

Tenho certeza de que, quando meu pai estava na escola e na faculdade, era nele que seus amigos confiavam para contar suas histórias. E também tenho certeza de que era nele que confiavam mais tarde, na cidade onde estava criando seus filhos. Ele podia pegar grandes acontecimentos ou pequenos episódios da vida cotidiana e criar nuances ou exagerar algumas coisas para capturar sua forma e substância, captar a sensação da vida na sociedade em que ele e os amigos moravam, trabalhavam e procriavam. As pessoas esperavam que ele pusesse em palavras o que acontecia.

Acho que ele foi uma criança que pensava de modo diferente das outras. Talvez tivesse conversas sérias com adultos e, quando jovem – assim como eu –, gostasse de ficar muito tempo sozinho. Acho que essas pessoas muitas vezes se tornam escritores ou criminosos. Durante toda a minha infância acreditei que eu pensava em coisas diferentes daquelas em que as outras crianças pensavam. Não eram necessariamente mais profundas, mas dentro de mim acontecia uma luta para encontrar um jeito criativo, espiritual ou estético de ver o mundo e organizá-lo na minha cabeça. Eu lia mais do que as outras crianças, deleitava-me com livros. Eles eram meu refúgio. Ficava sentada pelos cantos lendo, em transe, perdida nos lugares e nas épocas a que os livros me transportavam. E houve um momento durante o segundo ano do ensino médio em que comecei a acreditar que podia fazer o que os outros escritores estavam fazendo. Passei a acreditar que, com um lápis na mão, talvez fosse capaz de fazer algo mágico acontecer.

Então escrevi algumas histórias realmente terríveis.

NA FACULDADE, O mundo se abriu e os livros e poetas que eram ensinados nas aulas de inglês e de filosofia despertaram em mim, pela primeira vez, a sensação de que havia esperança de que eu encontrasse meu lugar em uma comunidade. Senti que estava descobrindo minha outra metade nos meus recentes e estranhos amigos e em certos livros novos. Algumas pessoas queriam ficar ricas ou famosas, mas meus amigos e eu queríamos cair na real. Queríamos mergulhar fundo. (Acho que também queríamos transar.) Eu devorava livros como uma pessoa que toma vitaminas, com medo de, caso não fizesse aquilo, permanecer uma narcisista inconsistente, sem possibilidade de me tornar uma intelectual, de algum dia ser levada a sério. Tornei-me socialista por cinco semanas. Mas as viagens de ônibus para as reuniões me esgotaram. Eu era atraída por pessoas diferentes, de outras culturas, atores, poetas, ativistas – e, de algum modo, eles me ajudaram a me transformar em algumas das coisas que eu tanto almejava ser: política, intelectual, artista.

Meus amigos suscitaram meu interesse por Kierkegaard, Beckett e Doris Lessing. Fiquei extasiada com todo aquele entusiasmo e aquela inspiração. Lembro-me de quando li C. S. Lewis pela primeira vez, *Surpreendido pela alegria*, e de como, ao olhar para dentro de si mesmo, ele encontrou "um zoológico de desejos, um manicômio de ambições, um viveiro de medos, um harém de ódios cultivados". Senti-me alegre e absolvida. Eu achava que as pessoas gentis e inteligentes do mundo, aquelas que são admiradas, não sentiam aquilo, que eram diferentes de mim e, digamos, de Toulouse-Lautrec.

Comecei a escrever artigos imaturos para o jornal da faculdade. Por sorte, eu só estava no segundo ano. Era incompetente em todos os aspectos do ensino superior, com uma única exceção: tirava as melhores notas em inglês, escrevia os melhores trabalhos. Mas era ambiciosa; queria ser mais amplamente reconhecida. Então, aos 19 anos, abandonei os estudos para me tornar uma escritora famosa.

Voltei para São Francisco e me tornei uma famosa secretária interina. Eu era conhecida por minha incompetência e por chorar à toa. Chorava por causa do tédio e porque não acreditava que aquilo estivesse acontecendo comigo. Então consegui um emprego como datilógrafa no departamento de controle de qualidade de uma grande empresa de engenharia. Passei a trabalhar sob um tsunami de memorandos e formulários em três vias. Era angustiante. E tão chato que me deixava com olheiras enormes e profundas. Por fim, descobri que toda aquela papelada podia ser jogada fora sem que realmente houvesse qualquer consequência e isso me proporcionou tempo livre para escrever contos.

"Escreva um pouco todo dia", dizia meu pai. "Faça de conta que são escalas de piano. Imagine que assinou um contrato com você mesma. Encare isso como se fosse uma dívida de honra. Comprometa-se a terminar as coisas."

Então, além de escrever às escondidas no escritório, eu também escrevia todas as noites, por uma hora ou mais, muitas vezes em cafeterias, com um bloco e uma caneta, bebendo grandes quantidades de vinho, porque era isso que os escritores, como meu pai e seus amigos, faziam. Funcionava para eles, embora houvesse surgido uma nova e perturbadora tendência: eles haviam começado a se suicidar. Aquilo foi muito doloroso para meu pai, é claro. Mas nós dois continuamos a escrever.

Acabei indo morar em Bolinas, para onde meu irmão mais novo e meu pai haviam se mudado no ano anterior, quando ele e minha mãe se separaram. Para me sustentar, comecei a dar aulas de tênis e a fazer faxina. Todo dia, durante cerca de dois anos, eu escrevia pequenos trechos e histórias, mas me concentrava principalmente na minha grande obra, um conto chamado "Arnold". O protagonista, um psiquiatra careca e barbudo, está conversando com uma jovem escritora um pouco deprimida e com o irmão mais novo dela, também ligeiramente deprimido.

Arnold lhes dá todo tipo de conselho psicológico útil, mas, no fim, desiste, se agacha e começa a andar de cócoras, grasnando como um pato, para diverti-los. Este é um tema que sempre adorei: dois casos perdidos encontram alguém, como um palhaço ou um forasteiro, que de início faz uma breve preleção, mas, na verdade, está dizendo: "Também estou perdido! Mas vejam, sei caçar coelhos!"

Era um conto horrível.

Também escrevi muitas outras coisas. Eu fazia anotações sobre as pessoas que estavam à minha volta, na minha cidade, na minha família, nas minhas lembranças. Fazia anotações sobre meu próprio estado de espírito, minha grandiosidade, minha autoestima baixa. Escrevia as coisas engraçadas que ouvia por aí. Sempre prestava atenção e anotava tudo.

Porém, mais do que em qualquer outra coisa, eu trabalhava em "Arnold". Deixava passar alguns meses e o enviava de novo à agente de meu pai em Nova York, Elizabeth McKee. "Bem", respondia ela, "agora está realmente tomando forma".

FIZ ISSO DURANTE vários anos. Queria muito que o conto fosse publicado. Certa vez ouvi um pastor dizer que a esperança é uma paciência revolucionária. Permita-me acrescentar que o mesmo se aplica a ser escritor. A esperança começa no escuro, a esperança teimosa que diz que, se você simplesmente se expuser e tentar fazer a coisa certa, a luz vai aparecer. Você espera, observa e trabalha: nunca desiste.

Eu não desisti, em grande parte por causa da fé que meu pai tinha em mim. Infelizmente, aos 23 anos, de repente me vi com uma história para contar. Meu pai recebeu o diagnóstico de câncer no cérebro. Ele, meus irmãos e eu ficamos arrasados, mas, de alguma forma, conseguimos manter o equilíbrio, mesmo que a duras penas. Meu pai me orientou a prestar atenção e fazer anotações. Ele me disse: "Conte sua versão, que vou contar a minha."

Comecei a escrever sobre o que estávamos enfrentando e, em seguida, dei a esses escritos a forma de contos interligados. Incluí todos os pequenos trechos e descrições nos quais estivera trabalhando no ano anterior e criei cinco capítulos que, de alguma maneira, se sustentavam. Meu pai, que estava doente demais para escrever sua versão, adorou meu trabalho e me fez enviá-lo a Elizabeth, nossa agente. Então esperei. Envelheci e murchei em um mês. Mas acho que Elizabeth deve ter lido aquilo num estado de quase euforia, felicíssima por não ser "Arnold". Ela não é nem um pouco religiosa, mas sempre a vejo segurando aquelas histórias contra o peito, os olhos cerrados, se balançando levemente e murmurando: "Obrigada, Senhor."

Ela fez o manuscrito circular em Nova York e a editora Viking nos apresentou uma oferta. Foi assim que começou o processo. Quando o livro foi lançado, eu tinha 26 anos e meu pai já estava morto havia um. Meu Deus! Eu tinha publicado um livro! Era tudo com que eu sonhara. Havia alcançado o nirvana, certo? Bem...

Antes de vender meu primeiro livro, eu acreditava que a publicação seria instantânea e automaticamente gratificante, uma experiência afirmadora e romântica, um comercial de TV no qual alguém corre e salta em câmera lenta por um gramado cheio de flores até cair nos braços do sucesso e da autoestima.

Não foi o que aconteceu comigo.

Os meses que precedem o lançamento de um livro são, para a maioria dos escritores, uma das piores coisas que a vida tem a oferecer. A espera e as expectativas, tanto as boas quanto as ruins, acabam com você. E tem também a questão das resenhas prévias que saem cerca de dois meses antes da publicação. As duas primeiras críticas de minha obra sobre meu pai diziam que se tratava de uma total perda de tempo, uma baboseira chata, sentimental e repleta de autopiedade. (Não necessariamente com essas palavras.)

Como você pode imaginar, fiquei um pouco nervosa nas semanas seguintes. Eu ia para o bar todas as noites, tomava muitos drinques e contava para vários estranhos que meu pai morrera, que eu tinha escrito um livro sobre isso e que as primeiras resenhas haviam sido muito negativas. Depois começava a chorar e precisava de mais alguns drinques. Finalmente o livro foi lançado. Recebi algumas críticas muito positivas em veículos importantes e outras críticas ruins. Houve algumas noites de autógrafos, umas poucas entrevistas e várias pessoas de prestígio disseram que haviam adorado o livro. No geral, parecia que eu não ia me aposentar antes do tempo. Secretamente, acreditei que as trombetas soariam, que grandes críticos declarariam que desde *Moby Dick* nenhum romance americano captava tão bem a complexidade estonteante da vida. E também foi isso que pensei quando meu segundo livro foi lançado – e o terceiro, o quarto, o quinto. Todas as vezes eu estava errada.

Porém ainda encorajo qualquer pessoa que se sinta instigada a escrever a ir em frente. Só tento avisar àquelas que esperam ter suas obras editadas que a publicação não é nada do que se diz. Mas escrever é. A escrita tem muito a oferecer, muito a ensinar e traz muitas surpresas. Aquela coisa que você teve que se forçar a fazer – o ato de escrever em si – é a melhor parte. O ato de escrever se revela sua própria recompensa.

Consegui trabalhar quase todos os dias da minha vida adulta, sem nenhum grande sucesso financeiro. Mas eu faria tudo de novo sem pensar duas vezes, repetiria até os erros, percalços, esgotamentos nervosos e tudo o mais. Às vezes eu não sabia dizer exatamente por quê, em especial quando tudo parecia inútil e patético. Em outros dias, porém, vejo minha escrita como uma pessoa – a pessoa que, depois de todos esses anos, ainda faz sentido para mim. É algo que me faz lembrar de "The Wild Rose" ("A rosa selvagem"), um poema que Wendell Berry escreveu para a esposa:

> *Às vezes escondida de mim*
> *por hábitos cotidianos e confiança,*
> *então, inconsciente, vivo com você*
> *assim como com as batidas de meu coração,*
>
> *De repente, você cintila à minha vista,*
> *uma rosa selvagem desabrochando à beira*
> *da moita, graça e luz*
> *onde ontem só havia sombra,*
> *e mais uma vez sou abençoado, escolhendo*
> *novamente o que antes escolhi.**

Desde criança, eu achava que havia algo nobre e misterioso em escrever, nas pessoas que faziam isso bem, que eram capazes de criar um mundo como se fossem pequenos deuses ou bruxos. Durante toda a vida achei que havia algo mágico em quem conseguia entrar na mente dos outros e se pôr no lugar deles, em quem era capaz de tirar pessoas como eu de dentro de si. E quer saber de uma coisa? Minha opinião não mudou.

AGORA DOU AULAS. Simplesmente aconteceu. Alguém me ofereceu a oportunidade de fazer uma oficina de redação há cerca de 10 anos e, desde então, tenho lecionado.

Muita gente diz que não é possível *ensinar* alguém a escrever. Mas eu não concordo. Se as pessoas se inscrevem em minhas aulas

---

* Todos os trechos de poemas foram traduzidos por Marcello Lino. Os trechos originais, em inglês, encontram-se no Apêndice ao fim do livro.

e querem aprender a escrever, ou a escrever melhor, posso dizer a elas tudo o que me ajudou ao longo do caminho e como procedo diariamente. Posso ensinar pequenas coisas que talvez não estejam em nenhum grande livro sobre redação. Por exemplo, não tenho certeza se alguém já mencionou que dezembro normalmente é um mês ruim para escrever. É um mês de segundas-feiras. As segundas-feiras não são bons dias para a escrita. Tivemos toda aquela liberdade durante o fim de semana, toda aquela autenticidade e todos aqueles sonhos fabulosos, aí chega a segunda-feira e está na hora de sentar em frente à escrivaninha. Por isso, sempre recomendo a meus alunos que nunca comecem um grande projeto às segundas-feiras de dezembro. Por que se preparar para o fracasso?

Os entrevistadores perguntam a autores famosos por que eles escrevem e, se não me engano, foi o poeta John Ashberry que respondeu: "Porque eu quero." Flannery O'Connor disse: "Porque sou bom nisso." Quando me fazem essa pergunta durante uma entrevista, cito os dois. Depois acrescento que, fora escrever, não sei fazer mais nada. Sempre menciono uma cena do filme *Carruagens de fogo*, na qual, pelo que me lembro, o atleta escocês Eric Liddell, que é o herói, está caminhando com sua irmã missionária em uma linda colina na Escócia. Ela tenta convencê-lo a interromper os treinos para as Olimpíadas e voltar a trabalhar na missão da Igreja deles, na China. Ele responde que quer ir à China porque acha que aquela é a vontade de Deus, mas que antes vai treinar com toda a dedicação para as Olimpíadas porque Deus também o fez muito veloz.

Deus concedeu a alguns de nós o dom de amar a leitura tanto quanto amamos a natureza. Meus alunos nas oficinas de redação têm esse dom; alguns são realmente muito bons com as palavras, outros não escrevem tão bem, mas, de qualquer forma, adoram escrever e é o que querem fazer. Então digo: "Para mim, isso é o suficiente. *Venham*."

Conto a eles como me sentirei na manhã seguinte, quando me sentar à escrivaninha para trabalhar, com poucas ideias e muitas folhas em branco, uma presunção terrível, baixa autoestima e os dedos apoiados no teclado. Digo que eles vão querer ser muito bons logo de cara e pode ser que isso não aconteça, mas que *talvez* se tornem bons um dia, se tiverem fé e continuarem a praticar. Talvez passem do desejo de ter escrito algo ao desejo de simplesmente escrever, de estar trabalhando em alguma coisa, porque a escrita traz muita alegria, muitos desafios. Trata-se ao mesmo tempo de trabalho e diversão. Quando estiverem trabalhando em suas histórias, a cabeça será um turbilhão de ideias e invenções. Eles verão o mundo com outros olhos. Em coquetéis ou na fila dos correios, estarão colhendo pequenos momentos e expressões ouvidas ao acaso – e sairão de fininho para anotar tudo aquilo. Haverá dias de incrível tédio diante da escrivaninha, de desesperança furiosa, dias em que vão querer desistir. E haverá dias em que se sentirão fluentes como se fossem levados por uma onda.

Também digo a meus alunos que as probabilidades de eles serem publicados e de isso lhes trazer segurança financeira, paz de espírito e até mesmo alegria não são muito grandes. Talvez ruína, histeria, acne, tiques incômodos e problemas financeiros sérios. Mas provavelmente nenhuma paz de espírito. No entanto, digo que acho que eles devem escrever mesmo assim. Porém, tento fazer com que entendam que o fato de escrever – e até mesmo de se tornar um bom escritor e ter histórias, livros e artigos publicados – não abrirá as portas que a maioria deles espera. Aquilo não os deixará bem. Não lhes dará a sensação de finalmente terem chegado a algum lugar. Meus amigos escritores, que são muitos, não andam por aí sorrindo, com sentimentos silenciosos de contentamento. A maioria anda com um olhar assustado, afrontado e surpreso.

Meus alunos não querem ouvir isso. Também não querem

ouvir que apenas quando meu quarto livro foi lançado deixei de ser uma artista morta de fome. Não querem ouvir que a maioria deles nunca terá nada publicado e que um número ainda menor vai conseguir se sustentar com a escrita. Porém, sua fantasia em relação à publicação não tem muito a ver com a realidade. Então, o que conto para eles é a realidade.

Mas também digo que, às vezes, quando estão trabalhando, meus amigos escritores se sentem melhor e mais vivos do que em qualquer outro momento. E, outras vezes, quando estão escrevendo bem, sentem que estão realizando alguma coisa. É como se as palavras certas, verdadeiras, já estivessem dentro deles e eles só precisassem ajudá-las a sair.

Digo a meus alunos tudo sobre o que tenho pensado ou falado ultimamente e que me ajudou a realizar meu trabalho. Existem algumas citações e exemplos de outros escritores que me inspiraram e que distribuo a cada aula. E existem algumas coisas de que meus amigos me lembram quando ligo para eles preocupada, entediada, desanimada, tentando juntar uns trocados para pegar um táxi e ir a algum lugar.

Neste livro, apresento o que aprendi ao longo do caminho, o que transmito a cada novo grupo de alunos. Este é um livro sobre escrita diferente dos outros. É mais pessoal, mais parecido com minhas aulas. Aqui está quase tudo o que aprendi até hoje sobre o ato de escrever.

PARTE UM

Escrever

COMEÇANDO

A primeira coisa que digo a meus alunos no primeiro dia de um curso é que escrever bem é contar a verdade. Somos uma espécie que precisa e quer entender quem é. Há muitas coisas que queremos dizer e descobrir. Ano após ano, meus alunos têm diversas histórias para contar e iniciam projetos com empolgação e talvez até com alegria – finalmente suas vozes serão ouvidas e eles vão poder se dedicar àquilo que queriam fazer desde a infância. Porém, depois de alguns dias em frente ao computador, a tentativa de dizer a verdade de um modo interessante se revela tão fácil e agradável quanto dar banho em um gato. Alguns perdem a esperança. Sua noção de identidade e de história se despedaça e desmorona. Historicamente, no primeiro dia da oficina, eles se apresentam como belos patinhos desengonçados dispostos a me seguir a qualquer lugar, mas, já na segunda aula, me olham como se o noivado tivesse sido rompido definitivamente.

"Nem sei por onde começar", alguém vai resmungar.

Digo que comece pela infância. Tape o nariz e mergulhe, escreva todas as suas lembranças com a maior sinceridade possível. Flannery O'Connor disse que qualquer pessoa que sobreviveu à infância tem material suficiente para escrever pelo resto da vida. Talvez sua infância tenha sido triste e terrível, mas isso não é um problema se for bem contado. No entanto, este ainda não é o momento de se preocupar com isso. Simplesmente comece a escrever.

A quantidade de material pode ser tão avassaladora que talvez o paralise. Depois de alguns anos escrevendo críticas gastronômicas, havia tantos restaurantes e pratos na minha cabeça que, quando as pessoas pediam uma recomendação, eu não conseguia pensar em um restaurante onde de fato havia comido. Mas se a pessoa fosse mais específica e perguntasse, por exemplo, por um indiano, talvez eu me lembrasse de um suntuoso palácio no qual meu acompanhante havia pedido o menu degustação Rudyard Kipling e, mais tarde, um *steak tartare* de carne de vaca sagrada. Depois, me vinham à mente várias lembranças de outros restaurantes indianos.

Você pode começar escrevendo as memórias dos seus primeiros anos de escola. Inicie pelo jardim de infância. Tente descrever as lembranças à medida que elas forem surgindo. Não se preocupe se o que está escrevendo não está bom, porque ninguém vai ler. Passe para a primeira série e, em seguida, para a segunda e a terceira. Quem eram as professoras? E os colegas de turma? Que roupas você usava? De quem você sentia ciúmes? Agora, ramifique um pouco. Sua família tirou férias naqueles anos? Escreva sobre elas. Você se lembra de como todas as outras famílias pareciam melhores que a sua?

Talvez o fato de se concentrar nas férias ou em grandes acontecimentos possa ajudá-lo a se lembrar de como era sua vida. Escreva tudo o que conseguir lembrar a respeito de cada aniversário, Natal, Páscoa ou qualquer outra data comemorativa, sobre cada parente que estava lá. Escreva todas as coisas que você jurou que nunca contaria a ninguém. Que lembranças você tem das suas festas de aniversário – os desastres, os dias maravilhosos, os rostos das pessoas iluminados pelas velinhas do bolo? Procure se lembrar de detalhes: o que os convidados comeram, ouviram, usaram – aquele vestido que sua tia voluptuosa usava, tão justo que ela praticamente precisava de uma motosserra para tirá-lo. Escreva sobre as mulheres com bobes no cabelo, os suspensórios que seu pai e seus tios usavam para segurar as calças, os chapéus dos seus avós, os uniformes de escoteiro de seus primos, sempre perfeitos, enquanto o seu parecia ter acabado de sair da lavadora. Descreva as capas de chuva, estolas e casacos, o que eles cobriam e revelavam. Veja se consegue se lembrar do que ganhou de Natal quando tinha 10 anos e de como se sentiu. Escreva o que os adultos disseram e fizeram depois de tomarem vários drinques, especialmente naquela festa em que seu pai fez um ponche e eles quase tiveram que engatinhar de um cômodo para outro.

Lembre-se de que suas lembranças lhe pertencem. Se sua infância não foi ideal, talvez você tenha sido criado pensando que, se contasse a verdade sobre o que acontecia na sua família, um dedo branco e ossudo sairia de uma nuvem e apontaria para você, enquanto uma voz assustadora trovejaria: "Nós *dissemos* para você não contar!" Mas isso foi naquela época. Simplesmente ponha no papel tudo o que conseguir lembrar sobre seus pais, irmãos, parentes e vizinhos. Mais tarde cuidaremos dos processos por difamação.

"MAS COMO FAZER isso?", perguntam meus alunos.

Você deve tentar se sentar todo dia por volta do mesmo horário. É assim que você treina seu inconsciente a entrar em ação criativamente. Você se senta, digamos, todo dia às nove da manhã ou às dez da noite. Põe uma folha de papel na máquina de escrever ou liga o computador e abre o arquivo, depois olha para aquilo por mais ou menos uma hora. Você começa a se balançar – a princípio só um pouquinho, depois como uma enorme criança entediada. Olha para o teto e para o relógio, boceja e fixa o olhar no papel mais uma vez. Com os dedos apoiados no teclado, aperta os olhos como se estivesse focando uma imagem que começa a se formar na sua mente – uma cena, um local, um personagem – e tenta acalmar a mente para poder ouvir o que aquela imagem tem a dizer sobre as outras vozes na sua cabeça. Essas são as vozes da ansiedade, da crítica, da ruína, da culpa. E também da hipocondria grave. Talvez haja uma longa lista de coisas que devem ser feitas exatamente naquele momento: a comida que precisa ser tirada do congelador, compromissos que devem ser agendados ou cancelados, pelos que precisam ser arrancados. Mas você aponta uma arma imaginária para sua cabeça e se força a ficar na frente da escrivaninha. Então sente uma leve dor na nuca e acha que pode estar com meningite. Depois, o telefone toca e você olha para o teto com raiva, invoca toda a sua benevolência e atende a ligação de maneira educada, talvez com apenas um levíssimo indício de irritação. Seu interlocutor pergunta se você está trabalhando e você diz que sim, porque realmente está.

Ainda assim, diante de tudo isso, você consegue abrir espaço para a voz de escritor e começa a compor frases. Você começa a encadear palavras para contar uma história. Você está louco para se comunicar, edificar ou entreter, preservar momentos de beleza, alegria ou transcendência, dar vida a acontecimentos reais ou imaginários. Mas não pode forçar isso a acontecer. É uma questão de persistência, fé e trabalho árduo. Então você deve apenas seguir em frente e começar.

EU GOSTARIA DE ter um segredo para revelar a você, alguma fórmula que meu pai tivesse me revelado em seu último suspiro, alguma senha que me possibilitasse sentar na frente da escrivaninha e guiar os voos da inspiração criativa como se eu fosse um controlador de tráfego aéreo. Mas não tenho. Tudo o que sei é que o processo é muito parecido para quase todas as pessoas que conheço. A boa notícia é que há dias em que parece que você só precisa sair do seu próprio caminho para servir de intermediário para as coisas que desejam ser escritas. É mais ou menos como quando você tem algum assunto difícil a tratar com alguém e, a caminho da tal conversa, espera e reza para que as palavras certas surjam pelo simples fato de você ter se arriscado a tentar. E muitas vezes as palavras certas de fato surgem e você "escreve" por um tempo; põe várias ideias no papel. Mas a má notícia é que, se você for um pouquinho parecido comigo, provavelmente vai reler o que escreveu e passar o resto do dia obcecado, rezando para não morrer antes de poder refazer tudo ou destruir o que acabou de escrever; assim o resto do mundo, ávido e ansioso, não descobrirá que seus primeiros esboços eram tão ruins.

A obsessão talvez o mantenha acordado *ou* possivelmente a autodepreciação o faça cair num sono profundo antes mesmo do jantar. Mas digamos que você consiga dormir num horário normal. É provável que acorde às quatro da madrugada, depois de sonhar que morreu. A morte acaba parecendo muito mais frenética do que você havia imaginado. Então, você vai tentar se consolar se lembrando do terrível trabalho daquele dia. Talvez experimente uma forma tensa de pavor existencial, pensando na absoluta falta de sentido da vida e no fato de nunca ter sido realmente amado por ninguém. Talvez você se sinta consumido pela vergonha e a falta de esperança com relação ao seu trabalho e pela percepção de que terá que jogar fora tudo o que fez até aquele momento e recomeçar do zero. Mas não conseguirá fazer isso. Porque, de repente, vai entender que está tomado pelo câncer.

Então o milagre acontece. O sol nasce novamente. Você se levanta, executa suas tarefas matinais e, às nove horas, se vê de volta à escrivaninha, encarando com olhar perdido as páginas que preencheu na véspera. E ali, na página quatro, há um trecho cheio de vida, com aromas, sons, vozes, cores e até mesmo um diálogo que o faz dizer a si mesmo, bem baixinho: "Hum." Você levanta a cabeça e olha pela janela novamente, mas, dessa vez, está tamborilando na mesa e não dá a mínima para aquelas três primeiras páginas. Elas serão jogadas fora, mas foi preciso escrevê-las para chegar à quarta página, àquele longo trecho que era o que você tinha em mente quando começou. Só que não sabia disso – e nem tinha como saber antes de chegar lá. A história começa a se materializar e outra coisa acontece: você está aprendendo a ver o que *não está* escrevendo, o que o ajuda a descobrir o que *está* escrevendo. Pense em um bom pintor tentando captar uma visão interna, começando com um canto da tela, pintando o que ele acha que deveria estar ali, sem ter muito êxito, cobrindo tudo com tinta branca e tentando de novo; descobrindo a cada investida o que seu quadro não é, até finalmente descobrir o que ele é.

Quando descobre o que um canto da sua visão realmente é, sua produção dispara. É como correr. Sempre me faz pensar nas últimas linhas de *Coelho corre*: "Seus calcanhares batendo pesadamente na calçada de início, mas com uma elegância sem esforço tirada de uma espécie de doce pânico, cada vez mais veloz e silencioso, ele corre. Ah: corre. Corre."

Eu gostaria de sentir esse tipo de inspiração com mais frequência. Isso quase nunca acontece. Só sei que, se ficar sentada ali tempo suficiente, algo acontecerá.

Meus alunos me olham por um momento. "Como encontramos um agente literário?", perguntam.

Eu suspiro. Há catálogos de agentes para quando você estiver pronto. Você pode selecionar alguns nomes, escrever e perguntar se eles gostariam de dar uma olhada no seu trabalho. A maioria não vai querer. Mas, se você for realmente bom e muito persistente, alguém vai acabar lendo seu material e aceitará representá-lo. Posso quase jurar que isso vai acontecer. No entanto, por enquanto vamos nos concentrar na escrita em si, em como nos tornarmos escritores melhores, pois isso ajudará a fazer de nós leitores melhores, e *esta* é a verdadeira recompensa.

Mas meus alunos não acreditam em mim. Eles querem agentes, querem ser publicados. E também querem retorno financeiro.

Quase todos já estão escrevendo há algum tempo, alguns escreveram a vida toda. No decorrer dos anos, muitos ouviram que são bastante bons e querem saber por que se sentem tão loucos quando se sentam para trabalhar, por que têm ideias maravilhosas e depois, quando escrevem uma frase, veem com horror que ficou terrível. Em seguida todas as principais formas de doença mental que os afligem vêm à tona, saltando da água como peixes: alucinações, hipocondria, megalomania, autodepreciação, incapacidade de concluir um pensamento, até mesmo a mania de lavar as mãos, a fobia de germes e, especialmente, a paranoia.

Digo a eles que você pode ser derrotado e ficar desorientado por todos esses sentimentos ou então pode ver a paranoia como um material maravilhoso. Pode usá-la como argila bruta retirada do rio: certamente um dos seus personagens é afetado por ela; assim, ao dar àquela pessoa essa característica específica, você a usa, a molda para formar algo verdadeiro e engraçado ou assustador. Leio para eles um poema de Phillip Lopate que alguém me mandou uma vez:

Nós, que somos
seus amigos mais íntimos,
sentimos que é chegada
a hora de dizer a você
que toda terça-feira
temos nos encontrado,
como um grupo,
para imaginar meios
de deixá-la
em perpétua incerteza,
frustração,

descontentamento e
tortura,
sem amá-la
tanto quanto você deseja
nem deixá-la à deriva.
Seu analista
também participa,
além do seu namorado
e do seu ex-marido;
e fizemos um juramento
de desapontá-la
enquanto você precisar de nós.
Ao anunciar nossa
associação,
percebemos que
pusemos em suas mãos
um possível antídoto
contra a incerteza,
na verdade, contra nós.
Mas, como nossas noites de terça-feira
nos levaram
a uma comunidade
com um objetivo,
algo raro em si mesmo,
com você como
centro natural,
estamos esperançosos de que você
continue a fazer insensatas
demandas por afeto,
se não como consequência
da sua desastrosa personalidade,
ao menos pelo bem coletivo.

Eles olham para mim como o elenco de *Um estranho no ninho*. Só uns três acham o poema engraçado ou pelo menos o veem como um bom exemplo de alguém que pega a própria paranoia e a transforma em algo artístico e verdadeiro. Umas pessoas ficam assustadas. As que mais querem ser publicadas apenas acham que sou uma pessoa rancorosa. Algumas delas parecem emocionalmente destruídas, outras me olham com verdadeiro asco, como se eu estivesse nua debaixo de luzes fluorescentes.

Por fim, alguém levanta a mão. "É possível mandar um original direto para uma editora ou um agente é realmente necessário?"

Depois de um instante, respondo: "Um agente é realmente necessário."

O problema recorrente é que aquelas pessoas querem ser publicadas. Elas *até* querem escrever, mas o que *realmente* querem é ser publicadas. Digo que isso nunca as levará a seu destino. Há uma porta que todos nós queremos atravessar e o ato de escrever pode nos ajudar a encontrá-la e abri-la. A escrita pode lhe dar a mesma coisa que um filho: pode fazer com que você comece a prestar atenção, pode torná-lo mais suave, pode despertá-lo. Mas o fato de ser publicado não fará nada disso; você nunca vai conseguir entrar dessa maneira.

Aos 3 anos e meio, Sam, meu filho, se trancou de propósito fora de casa. Ele tinha as chaves de um par de algemas de brinquedo e as usou na fechadura, tentando abrir a porta. Eu estava sentada no sofá, lendo o jornal, quando o ouvi dizer:

– Ah, merda!

Arregalei todo o rosto, como no quadro *O grito*, de Edvard Munch. Em seguida, me levantei e abri a porta.

– Querido, o que foi que você acabou de dizer? – perguntei.

– Eu disse "Ah, merda!" – respondeu ele.

– Mas, querido, isso é um palavrão. Nós *dois* precisamos parar de usar essa palavra. Está bem?

Ele abaixou o rosto por um instante, assentiu e disse:
– Está bem, mamãe. – Então se inclinou para a frente e confidenciou: – Mas vou contar por que eu disse "merda".
– Tudo bem. Por quê?
– Por causa da porra das chaves!
Chaves de brinquedo não vão abrir as portas para você. Quase tudo aquilo que você espera que a publicação lhe proporcione é uma fantasia, um holograma. A verdade é que, se você treinar todos os dias, se lentamente for experimentando desafios mais difíceis, vai melhorar. Às vezes, enquanto estiver trabalhando, vai se sentir desanimado e entediado e talvez consiga, ou não, sair desse estado de espírito naquele dia. Mas é fantasia achar que escritores de sucesso não têm esses momentos de tédio e derrota, esses momentos de insegurança profunda nos quais nos sentimos tão pequenos e inquietos quanto um inseto. Isso acontece com eles também. Mas eles costumam ter uma grande sensação de fascínio por conseguir escrever e sabem que aquilo é o que querem fazer pelo resto da vida. Portanto, se um dos desejos mais profundos de seu coração é *escrever*, há meios para levar a cabo seu trabalho e vários motivos para que você o faça.

"E quais são mesmo esses motivos?", perguntam meus alunos.

Para alguns de nós, os livros são tão importantes quanto qualquer outra coisa no mundo. É um milagre que, daqueles pequenos retângulos de papel, planos e rígidos, se descortinem tantos mundos que nos emocionam, consolam, apaziguam ou entusiasmam. Os livros nos ajudam a entender quem somos e como devemos nos comportar. Eles nos mostram o que significam comunidade e amizade; mostram como devemos viver e morrer. Estão repletos de coisas que não existem na vida real – linguagem mágica e lírica, por exemplo. E qualidade de atenção: podemos perceber detalhes incríveis durante um dia, mas raramente nos permitimos parar e prestar atenção. Um escritor nos *faz* perceber e essa é uma grande dádiva. Minha gratidão pela boa escrita não tem limites; sou grata a ela como sou grata ao oceano. "Vocês não são?", pergunto a meus alunos.

A maioria faz que sim com a cabeça. É por isso que estão ali: eles amam ler, amam a boa escrita e também querem escrever bem. Mas alguns dos alunos ainda continuam me olhando com uma sensação de traição ou de falta de esperança, como se estivessem pensando em se enforcar. "Tarde demais para pedir o dinheiro de volta", brinco, "mas posso lhes oferecer algo ainda melhor."

A seguir, estão as duas coisas mais úteis que posso lhe dizer sobre a arte de escrever.

PEQUENAS TAREFAS

O primeiro conceito é o das pequenas tarefas. Muitas vezes, quando você se senta para escrever, tem em mente um romance autobiográfico sobre sua infância, uma peça sobre a experiência da imigração ou uma história sobre mulheres. Mas isso é como tentar escalar uma geleira. É difícil saber onde pôr os pés e as pontas dos dedos ficam vermelhas, congeladas e feridas. Então suas doenças mentais chegam à escrivaninha como se fossem seus parentes mais perturbados. Puxam as cadeiras, formam um semicírculo em volta do computador e tentam ficar em silêncio, mas você sabe que elas estão ali, com sua respiração ofegante, espiando-o pelas costas.

Nesse momento – quando o pânico aumenta e os tambores da selva começam a soar, quando percebo que o poço secou, que meu futuro ficou para trás e que precisarei arrumar um emprego, embora eu seja totalmente inútil –, paro. Primeiro, tento respirar, porque, sem que eu note, estou ofegando como um cão ou resfolegando como um asmático. Então fico sentada por um minuto, respirando lenta e silenciosamente. Deixo minha mente vagar. Depois de um instante, talvez esteja ponderando se estou velha demais para fazer um tratamento ortodôntico ou se aquela seria uma boa hora para dar alguns telefonemas. Logo começo a pensar em aprender a me maquiar, assim talvez eu arrumasse um namorado, minha vida seria incrível e eu me sentiria feliz o tempo todo.

Em seguida, penso em todas as pessoas para quem eu deveria ter ligado antes de me sentar para trabalhar, deduzo que já deveria ter telefonado para meu agente para falar da grande ideia que tive e ver o que ele pensa sobre ela e se acha que preciso de um tratamento ortodôntico. Depois penso em alguém com quem estou realmente chateada ou em algum problema financeiro que está me enlouquecendo e decido que preciso resolver aquilo antes de começar a trabalhar. Mas tudo isso só dura de um a dois minutos, portanto não perdi tanto tempo assim. De qualquer maneira, fico agitada. Volto a tentar respirar de forma tranquila e silenciosa e, por fim, percebo o pequeno porta-retratos de três centímetros de lado que deixo em cima da escrivaninha para me lembrar das pequenas tarefas.

Isso me faz recordar que tudo o que preciso fazer naquele momento é escrever o que consigo enxergar naquele porta-retratos. Por exemplo: redigir um parágrafo que ambienta a história na minha cidade natal, no final da década de 1950, quando os trens ainda estavam em circulação. Vou pintar esse quadro com palavras no meu processador de texto. Ou tudo o que vou fazer é descrever a personagem principal quando a vemos pela primeira vez cruzando a porta da frente e saindo para a varanda. Não vou nem mencionar a expressão no seu rosto quando ela vê o cão cego sentado atrás do volante de seu carro – apenas o que posso ver no pequeno porta-retratos, só um parágrafo descrevendo aquela mulher, na cidade em que cresci, na primeira vez em que a vemos.

E. L. Doctorow uma vez disse que "escrever um romance é como dirigir um carro à noite. Você só consegue enxergar até onde a luz dos faróis alcança, mas pode fazer a viagem inteira assim". Você não precisa ver aonde está indo, não precisa ver seu destino nem tudo o que encontrará pelo caminho. Você só precisa enxergar alguns metros à frente. Este é um dos melhores conselhos sobre escrita – ou sobre a vida – que já ouvi.

Após me exaurir pensando nas pessoas que mais me magoaram, nos meus maiores problemas financeiros e, é claro, no tratamento ortodôntico, pego o porta-retratos e imagino um pequeno trecho da minha história, uma cena, uma lembrança, um diálogo.

Isso me recorda uma história que sempre me ajuda a pôr as coisas em perspectiva: há cerca de três décadas, meu irmão mais velho, na época com 10 anos, estava tentando escrever um trabalho sobre pássaros. Ele tivera três meses de prazo, mas deixara para a última hora e o trabalho precisava ser entregue no dia seguinte. Ele estava quase chorando sentado à mesa da cozinha, cercado por folhas, lápis e livros sobre pássaros, paralisado pela enormidade da tarefa à sua frente. Então meu pai se sentou ao lado dele, pôs o braço em volta de seu ombro e disse: "Um pássaro de cada vez, meu filho. Escreva sobre um pássaro de cada vez."

Essa história quebra a sensação de opressão que meus alunos vivenciam. Às vezes, lhes dá esperança e, como Chesterton disse, a esperança é a força da alegria em momentos trágicos. Escrever pode ser uma empreitada bastante trágica, porque se trata de uma das nossas necessidades mais profundas: a de ser visto e ouvido, de dar sentido à nossa vida, de despertar, crescer e pertencer. Não é de espantar que algumas vezes tenhamos a tendência de nos levar um pouco a sério demais.

Diga a si mesmo da maneira mais gentil possível: "Tudo o que farei agora é uma descrição de um rio ao nascer do sol, de uma criança pequena nadando na piscina do clube ou da primeira vez que um homem vê a mulher com quem vai se casar. É tudo o que farei por enquanto. Vou escrever sobre um pássaro de cada vez. Mas vou terminar esta *única* e pequena tarefa."

PRIMEIROS ESBOÇOS RUINS

Bem, uma ideia ainda melhor do que as pequenas tarefas são os primeiros esboços ruins. Todos os bons escritores fazem isso. É assim que conseguem segundos esboços bons e terceiros esboços ótimos. As pessoas tendem a pensar que escritores de sucesso – aqueles que têm seus livros publicados e que talvez até estejam bem financeiramente – se sentam na frente da escrivaninha todas as manhãs se sentindo incríveis, satisfeitos consigo mesmos, felizes pelo talento que têm e pela grande história que vão contar. As pessoas acham que esses escritores respiram fundo, arregaçam as mangas, estalam o pescoço algumas vezes e mergulham de cabeça, digitando trechos inteiros com a mesma velocidade de um estenógrafo de tribunal. Mas isso é pura fantasia. Conheço ótimos escritores – que são adorados, escrevem muito bem e ganharam muito dinheiro – e *nenhum* deles costuma se sentir incrivelmente entusiasmado e confiante. Nenhum deles escreve primeiros esboços ótimos.

Pouquíssimos autores de fato sabem o que estão fazendo antes de terminar. Eles não trabalham se sentindo satisfeitos e extasiados. Não digitam poucas frases de aquecimento e, depois, saem em disparada como huskies siberianos na neve. Um escritor que conheço me contou que se senta toda manhã e diz a si mesmo: "Não pense que você não tem escolha, porque tem. Pode digitar ou se matar." Todos nós muitas vezes sentimos como se estivéssemos extraindo dentes, mesmo aqueles cuja prosa acaba sendo a mais natural e fluida. Na maioria das vezes, as palavras e frases certas não jorram como água de uma fonte. Dizem que, ao escrever, Muriel Spark sentia como se estivesse ouvindo um ditado de Deus – ficava sentada, provavelmente ouvindo um ditafone, datilografando e cantarolando. Mas essa é uma posição muito hostil e agressiva. As pessoas esperam que coisas ruins aconteçam com alguém assim.

Para mim e para a maioria dos outros autores, escrever não é algo arrebatador. Na verdade, só consigo trabalhar começando com um primeiro esboço muito ruim.

O primeiro esboço é o da criança, aquele em que você põe tudo para fora sabendo que ninguém vai vê-lo e que poderá acertá-lo mais tarde. Você simplesmente deixa sua parte infantil canalizar para a página todas as vozes e visões que forem surgindo. Se uma das personagens quer dizer "E daí, seu bunda suja?", você deixa. Ninguém vai ver. Se a criança quiser entrar em um território realmente sentimental, choroso e emotivo, permita. Apenas ponha tudo no papel, porque em alguma parte daquelas seis páginas malucas pode haver algo ótimo que você não teria conseguido usando meios racionais e maduros. Pode haver algo na última frase do último parágrafo da página seis que é tão bonito ou impetuoso que faz com que você veja mais ou menos sobre o que deveria estar escrevendo ou que direção seguir – mas não havia como chegar até ali sem passar pelas primeiras cinco páginas e meia.

EU ESCREVIA CRÍTICAS gastronômicas para a revista *California* antes de ela sair de circulação. (Minhas críticas não tiveram nada a ver com o fato de a revista ter saído de circulação, embora cada texto meu tenha provocado alguns cancelamentos de assinatura. Alguns leitores ficavam ofendidos quando eu comparava purês de legumes com os cérebros de ex-presidentes.) Eu sempre demorava dois dias para escrever as críticas. Primeiro, ia a um restaurante várias vezes com alguns amigos presunçosos e bem articulados. Ficava lá sentada, anotando tudo de interessante e engraçado que as pessoas diziam. Depois, na segunda-feira seguinte, eu me sentava na frente da escrivaninha com minhas anotações e tentava escrever. Mesmo depois de anos de trabalho, entrava em pânico. Eu tentava compor um lide, mas acabava escrevendo duas frases horríveis, as riscava, tentava novamente, riscava tudo outra vez e então sentia o desespero e a preocupação invadindo meu peito. "É o fim", eu pensava. "Não vou conseguir fazer a magia funcionar desta vez. Estou arruinada. Talvez eu consiga de volta meu emprego de datilógrafa. Provavelmente, não." Eu me levantava e examinava meus dentes no espelho por algum tempo. Depois parava, lembrava de respirar, dava alguns telefonemas, ia até a cozinha e comia alguma coisa. No fim, voltava, me sentava e suspirava durante 10 minutos. Então finalmente pegava meu pequeno porta-retratos, olhava-o como se estivesse buscando uma resposta, que sempre aparecia: tudo o que eu precisava fazer era escrever um primeiro esboço muito ruim do primeiro parágrafo. E ninguém jamais veria aquilo.

Então eu começava a escrever sem me refrear. Era praticamente apenas digitação, fazer com que meus dedos se movessem. O texto era *horrível*. Eu escrevia um parágrafo introdutório que ocupava uma página inteira, embora a crítica devesse ter apenas três páginas. Depois começava a descrever a comida, um prato de cada vez, um pássaro de cada vez, e sentia como se os críticos estivessem sentados nos meus ombros, comentando como personagens de desenho animado. Eles fingiam que estavam roncando ou olhavam para o alto por causa das minhas exaustivas descrições, por mais que eu tentasse simplificá-las, por mais que eu tivesse consciência do que uma amiga me dissera quando comecei a escrever essas resenhas: "Annie, isso é apenas um pedaço de *frango*. Não é nada mais do que uma fatia de *bolo*."

Mas, como àquela altura eu já escrevia havia muito tempo,

acabava confiando no processo: redigia um primeiro esboço que tinha o dobro do tamanho que deveria ter, com um início autocomplacente e entediante, descrições intermináveis da refeição, montes de citações de amigos tão cínicos que nem pareciam amantes da boa cozinha e sem nenhum desfecho. Tudo era tão longo, incoerente e terrível que, pelo resto do dia, eu só pensava no que aconteceria se eu fosse atropelada antes de conseguir redigir um segundo esboço decente. Ficava preocupada com a possibilidade de as pessoas lerem aquilo e pensarem que o acidente na verdade tivesse sido suicídio, que eu houvesse entrado em pânico porque meu talento estava se esgotando e minha mente não funcionava mais.

No entanto, no dia seguinte, eu me sentava, lia tudo com uma caneta colorida em punho, eliminava o que podia, encontrava uma nova introdução em algum ponto da segunda página, imaginava um final arrebatador e escrevia o segundo esboço. Sempre dava certo, às vezes até era engraçado, estranho e útil. Eu revisava tudo mais uma vez e enviava o texto.

Um mês depois, quando estava na hora de escrever outra crítica, todo o processo recomeçava, inclusive o medo de as pessoas encontrarem meu primeiro esboço antes que eu pudesse reescrevê-lo.

Quase toda boa escrita começa com primeiros esboços ruins. Você precisa iniciar de alguma maneira. Comece pondo alguma coisa – qualquer coisa – no papel. Um amigo diz que o primeiro esboço é o do semeador: você simplesmente joga as palavras no papel. O segundo esboço é o do mecânico: você tenta consertar aquilo, tenta se expressar com mais precisão. E o terceiro esboço é o do dentista: você verifica cada dente para ver se algum está solto, quebrado, cariado ou até mesmo saudável.

O que aprendi a fazer quando me sento para trabalhar num primeiro esboço ruim é calar as vozes na minha cabeça. Primeiro, há a Senhora Leitora com seus lábios ácidos, que diz afetadamente: "Bem, *isso* não é muito interessante, não acha?" E tem também o alemão magrela que escreve memorandos à George Orwell, detalhando seus crimes imaginários. E tem também seus pais, agonizando por causa de sua falta de lealdade e discrição; e William Burroughs, cochilando ou se drogando porque acha você tão ousado e articulado quanto uma samambaia. E não podemos nos esquecer dos cães presos no canil, que certamente vão fugir rosnando se você *parar* de escrever, porque, para alguns de nós, escrever é a tranca que mantém a porta do canil fechada e os cães bravos presos.

Silenciar essas vozes representa pelo menos metade da batalha que travo diariamente. Mas antes era pior. Costumava ser 87 por cento. Se eu deixar, minha mente passará boa parte do tempo conversando com pessoas que não estão presentes. Sigo me defendendo dessas pessoas, rebatendo suas observações argutas, racionalizando meu comportamento, seduzindo-as com fofocas, fingindo que estou em seu programa de TV ou qualquer coisa desse tipo.

Mencionei isso a um hipnoterapeuta que consultei muitos anos atrás e ele me olhou de maneira muito gentil. A princípio, achei que ele estivesse procurando o botão de alarme no chão, mas, em seguida, ele me passou o seguinte exercício, que uso até hoje:

Feche os olhos e fique em silêncio por um minuto, até a conversa começar. Depois concentre-se numa dessas vozes e imagine que seu interlocutor é um rato. Pegue-o pelo rabo e atire-o dentro de um pote de vidro. Faça isso com todas as vozes, uma a uma. Jogue ali dentro qualquer pessoa que esteja resmungando em sua cabeça. Feche a tampa e veja os "ratinhos" arranhando o vidro com as patas, tagarelando, tentando deixá-lo mal porque não vai fazer o que eles querem. Em seguida, imagine que existe um botão de controle de volume no pote. Aumente ao máximo por um minuto e ouça aquele vozerio raivoso, depreciativo e acusatório. Por fim, abaixe todo o volume e observe aqueles ratos frenéticos pulando contra o vidro, tentando atingi-lo. Mantenha o volume baixo e volte ao seu primeiro esboço ruim.

PERFECCIONISMO

O perfeccionismo é a voz da opressão, o inimigo do povo. Ele o manterá reprimido e insano por toda a vida e será o maior obstáculo entre você e um primeiro esboço ruim. Acho que o perfeccionismo se baseia na crença obsessiva de que, se você andar com bastante cuidado, pisando da maneira certa a cada passo, não terá que morrer. Mas a verdade é que você vai morrer de qualquer maneira e um monte de gente que nem sequer está olhando para os pés terá muito mais sucesso do que você, e ainda vai se divertir mais.

Além disso, o perfeccionismo vai arruinar sua escrita, bloqueando a inventividade, a comicidade e a força vital. Perfeccionismo significa que você tenta desesperadamente não deixar muita bagunça a ser arrumada. Mas bagunça e confusão nos mostram que a vida está sendo aproveitada. A confusão é maravilhosamente fértil – você ainda pode descobrir novos tesouros embaixo daquelas pilhas de objetos, fazer uma limpeza, eliminar coisas, consertá-las, entendê-las. A ordem sugere que algo não tem mais como melhorar e me faz pensar em respiração presa, em animação suspensa. Mas, para escrever, você precisa respirar e se mexer.

Quando eu tinha 21 anos, minhas amígdalas foram removidas. Minha garganta inflamava com muita frequência e o médico finalmente decidiu que eu precisava ser operada. Nos dias após a cirurgia, engolir doía tanto que eu mal podia abrir a boca para pôr um canudinho entre os lábios. Porém, eu tinha uma receita para analgésicos e, quando eles acabaram antes de a dor passar, chamei a enfermeira e disse que ela precisava conseguir outra receita e talvez um novo sortimento de remédios também, porque eu estava me sentindo um pouco ansiosa. Mas ela não fez isso. Pedi para falar com a supervisora. A enfermeira me disse que a supervisora estava almoçando e que eu precisava comprar *chiclete* e mascar vigorosamente – aquele pensamento bastou para me fazer pôr as mãos em volta da garganta. Ela explicou que, quando temos uma ferida no corpo, os músculos adjacentes se contraem para protegê-la de qualquer outra violação. Portanto, se eu quisesse que aqueles músculos voltassem a relaxar, precisava usá-los. Minha amiga Pammy finalmente saiu e comprou chiclete para mim. Comecei a mascar, com grande hostilidade e ceticismo. As primeiras mordidas causaram uma sensação lancinante no fundo da minha garganta, mas, minutos depois, toda a dor havia sumido de vez.

Acho que algo semelhante acontece com nossos músculos psíquicos. Eles se contraem em volta das nossas feridas – a dor da infância, as perdas e decepções da fase adulta, as humilhações de qualquer período da vida – para evitar que machuquemos o mesmo lugar outra vez, para impedir que corpos estranhos entrem. Assim, essas feridas nunca têm chance de sarar. O perfeccionismo é um jeito de nossos músculos se contraírem. Em alguns casos, nem sabemos que as feridas e os músculos contraídos estão ali, mas eles nos limitam. Tornam nossos movimentos e nossa escrita restritos e preocupados. Fazem com que nos afastemos ou recuemos diante da vida, nos impedem de desfrutá-la de um jeito aberto e imediato. Então, como podemos nos libertar e seguir em frente?

É mais fácil se você acredita em Deus, mas, se não acredita, também não é impossível. Se você acredita, seu Deus pode aliviar um pouco o perfeccionismo. Mesmo assim, uma das coisas mais incômodas sobre Deus é que Ele nunca o toca com sua varinha de condão e lhe dá o que você quer. Como se isso fosse um grande esforço para Ele. Mas talvez lhe dê a coragem ou a perseverança para escrever um monte de primeiros esboços terríveis para que, depois, você aprenda que dali podem surgir segundos esboços bons e que porcarias imperfeitas e confusas têm seu valor.

Talvez o seu Deus seja um perfeccionista rígido e crítico, mais ou menos como Bob Dole ou eu mesma. Mas tenho um amigo sacerdote que me advertiu de que eu me afastasse do Deus da nossa infância, que nos ama e nos guia, mas que, se formos maus, acabará conosco; aquele Deus que parece um diretor de escola de ensino médio, de terno cinza, que nunca se lembra do seu nome mas está sempre folheando com tristeza seu arquivo. Se esse é seu Deus, talvez você precise acrescentar a influência de alguém que o ache um pouco mais divertido, alguém menos severo.

Se você não acredita em Deus, talvez esta ótima frase de Geneen Roth ajude: "Consciência é aprender a fazer companhia a si mesmo." Aprenda a ser uma companhia mais *compassiva*, como se você fosse uma pessoa querida que deve ser incentivada. Duvido que você lesse os esboços iniciais de um amigo íntimo e, na frente dele, revirasse os olhos e soltasse um risinho de escárnio. Duvido que você fizesse o gesto de enfiar o dedo na garganta. Acho que diria algo como: "Muito bem. Podemos resolver alguns dos problemas mais tarde, mas, por enquanto, vá em frente!"

De qualquer maneira, a conclusão é que, se você quer escrever, precisa fazer isso, mas provavelmente não chegará muito longe se não tentar superar o perfeccionismo. Você se propõe a contar uma história qualquer, a contar o que percebe como verdade, porque algo o incita a fazer isso. Alguma coisa o chama, como nos desenhos animados, quando a fumaça que sai da torta esfriando em cima da mesa assume a forma de mão, passa por baixo de portas e entra na toca do rato ou nas narinas de um homem adormecido em uma poltrona. Então a fumaça estala os dedos e o rato ou o homem se levantam e a seguem com o nariz empinado. No entanto, há dias em que a fumaça estará fraca e você terá que segui-la como puder, farejando. Mas, ainda assim, você poderá notar a sensação agradável provocada pela perseverança. E, no dia seguinte, o aroma pode parecer mais forte – ou talvez você simplesmente esteja desenvolvendo uma tenacidade silenciosa. Isso não tem preço. O perfeccionismo, por outro lado, só o levará à loucura.

Talvez o trabalho daquele dia se revele uma bagunça. E daí? Vonnegut disse: "Quando escrevo, me sinto como um homem sem braços nem pernas, com um lápis na boca." Então vá em frente, faça grandes garranchos e cometa erros. Use muito papel. O perfeccionismo é uma forma malvada e fria de idealismo, ao passo que a bagunça é a verdadeira amiga dos artistas. O que as pessoas se esqueceram de mencionar quando éramos crianças (sem querer, tenho certeza) é que precisamos fazer bagunça para descobrir quem somos e por que estamos aqui – e, por conseguinte, o que devemos escrever.

LANCHES ESCOLARES

Sei que me propus a contar absolutamente tudo o que sei sobre escrita, mas também vou contar tudo o que sei sobre lanches escolares. Em parte porque os desejos, a dinâmica e a ansiedade são semelhantes. Acho que isso também vai mostrar como pequenas tarefas e, depois, primeiros esboços ruins podem revelar um monte de lembranças detalhadas, matérias-primas e personagens estranhos que estavam à espreita. Às vezes, quando um aluno me liga choramingando por causa de sua incapacidade de colocar palavras no papel, peço que ele me fale de lanches escolares. Independentemente do tempo que as separe, as experiências deles sempre se revelam semelhantes às minhas, que aconteceram em uma escola pública de classe média no norte da Califórnia. Mas, sob vários aspectos importantes, também são diferentes, e isso, obviamente, é ainda mais interessante, porque, quando analisamos as diferenças, vemos com grande alívio o que temos em comum. Por algum estranho motivo, depois que falam sobre lanches escolares, meus alunos desligam o telefone se sentindo mais animados.

Certa vez, em uma das minhas aulas, pedi aos alunos que escrevessem sobre isso durante meia hora. Em seguida, também me sentei e escrevi:

Esta é a principal coisa que sei sobre lanches em escolas públicas: aquilo só parecia um bando de crianças comendo. Na verdade, estávamos expondo nossa intimidade na frente de todos. O mesmo acontece quando escrevemos. O lanche era um precursor dos banhos após as aulas de educação física na sétima e na oitava séries, nos quais todos podiam ver tudo – ou a ausência de alguma coisa – e sentir o cheiro do seu corpo. E, durante todo o processo, você sabia que ia vislumbrar algo. O conteúdo do seu lanche revelava se você e sua família se enquadravam ou não. Alguns lanches, assim como algumas pessoas, se enquadravam, outros não. Havia um código, uma maneira certa e aceitável. Simples assim.

Em meia hora, já havia material demais para mim e para algumas pessoas da turma e corríamos o risco de ficar paralisados. Então decidimos não nos preocupar com a caligrafia de nossos pais nos sacos de papel que embrulhavam nosso lanche – quanto ela se parecia com a de um assassino e o que aquilo revelava sobre nós. Decidimos deixar de lado os sacos de papel por um tempo. Naquele momento nos ateríamos ao conteúdo, ao sanduíche. Aquele era o porta-retratos pelo qual íamos olhar.

O sanduíche era a peça central e havia algumas diretrizes rígidas. Nem é preciso dizer que pão de forma industrializado era o único tipo aceitável. Não havia exceções. Se sua mãe fazia o pão para o seu sanduíche, só lhe restava esperar que ninguém percebesse. Você certamente não ia se gabar, assim como não se gabaria por ela também ter feito patê de miúdos. E havia apenas poucas coisas que seus pais podiam pôr entre as duas fatias de pão. Mortadela era aceitável, assim como salame, queijo fresco, manteiga de amendoim e geleia, contanto que seus pais entendessem a questão geleia/compota.

Geleia de uva era, de longe, a melhor, um produto escorregadio, reconfortante e açucarado com aroma artificial de uva. A compota de morango ficava em segundo lugar; todo o resto era arriscado. Veja a compota de framboesa, por exemplo...

Enquanto escrevia, eu não conseguia lembrar exatamente por que a compota de framboesa era tão desconcertante. Então, quando cheguei em casa naquela noite, liguei para um amigo meu, um escritor muito bem-sucedido e talvez a pessoa mais neurótica que conheço. "Você lembra que, no ensino fundamental, geleia de uva era a melhor opção para o lanche, compota de morango era aceitável, mas compota de framboesa ficava no limite? Pode me contar sua experiência com essas coisas?", pedi.

E meu amigo desandou a falar apaixonada e ensandecidamente sobre a complexidade da compota de framboesa, sementes de mais em cada colherada. Pareciam um monte de micropessoas, uma compota de *Invasores de corpos*.

Meu amigo então se lembrou de compota de damasco, que era ainda pior do que a de framboesa. Eu não pensava naquilo havia 30 anos, mas, de repente, tudo voltou à minha mente com uma clareza incrível. Compota de damasco era muito parecida com cola, ou goma. Mas você podia ter certeza de que haveria compota de damasco se o lanche fosse preparado pelo seu pai. Os pais adoravam aquilo. Não sei por que, mas tenho certeza de que Anna Freud se divertiria muito com isso.

Naquela noite, me sentei e continuei a escrever:

Pensando bem, de modo geral, quando os pais preparavam o lanche, as coisas sempre davam errado. Os pais eram muito alienados naquela época. Eram como estrangeiros. Por exemplo, um sanduíche de mortadela padrão era composto de pão branco, uma ou duas fatias de mortadela, mostarda e uma folha murcha de alface-americana. (Os católicos adoravam maionese e nós também passaríamos a gostar mais tarde.) Para começo de conversa, os pais sempre usavam o tipo errado de pão com manteiga. E tudo vivia caindo dos sanduíches preparados pelos pais. Não sei bem por quê. Eles usavam qualquer coisa verde e crespa no lugar da alface quando, obviamente, a única opção aceitável era uma folha murcha de alface-americana. Se seus amigos vissem uma folha grande de alface-romana despencando junto com a fatia de mortadela, você podia ir parar ao lado daquela criança encostada na grade.

Sempre havia uma criança encostada na grade. Como poderíamos nos sentir bem se não houvesse? Se fosse um menino, provavelmente haveria um estojo para trompete aos seus pés, que estariam enfiados em sapatos estranhamente surrados, uma vez que ele evitava calçadas e caminhava por terrenos baldios, com cães rosnando em sua direção. A excentricidade do seu lanche não era o motivo para ele ter ido parar junto à grade, mas com certeza também não o ajudava.

Aquele menino quase sempre acabava virando escritor.

Quem saberá se alguma parte desse material é aproveitável? Você só tem como dizer depois de escrever tudo. Talvez acabe usando apenas uma sentença, um personagem ou um tema. Mesmo assim, você põe tudo no papel. Simplesmente *escreve*.

Certa vez, ouvi Natalie Goldberg, autora de *Escrevendo com a alma*, falar sobre o ato de escrever. Alguém perguntou qual era o melhor conselho sobre redação que ela podia dar, então ela levantou um bloco, fingiu que tinha uma caneta entre os dedos e que estava escrevendo. Acho que foi uma espécie de referência zen ao sermão da flor de Buda, quando, em vez de dizer palavras sábias e edificantes a seus dicípulos, o mestre simplesmente ergueu uma flor. Eu sou uma boa moça cristã e, embora quisesse citar algo inspirador que Jesus tenha dito sobre o ato de escrever, a verdade é que, quando os alunos me pedem o melhor conselho

prático que conheço, sempre pego um pedaço de papel e faço de conta que estou escrevendo. Eles geralmente acham que aquela é uma lição muito sábia e zen que tenho a transmitir. Quase sempre esqueço de dar o crédito a Natalie Goldberg.
– Mas escrever sobre o quê? – perguntam eles em seguida.
– Escrevam sobre palitos de cenoura – respondo.

Os palitos de cenouras deviam parecer saídos de uma máquina, absolutamente uniformes, nem um milímetro maiores do que o comprimento do próprio sanduíche. Seus pais às vezes o mandavam para a escola com pacotes de papel encerado cheios de cenouras desiguais e sua autoestima despencava tanto por causa disso que você não conseguia nem se arriscar a olhar para o menino encostado na grade. Se você olhasse para ele, mesmo que de relance, um arco visível de empatia se formaria, quase como um arco-íris, ligando vocês dois para sempre na mente dos seus colegas.

E tinha também a questão do papel do embrulho: encerado e, mais tarde, filme plástico. Se os lanches estavam ligados ao desejo de ter uma coisa correta na vida – ou pelo menos de ter algo que parecesse correto, quando à sua volta, em casa e dentro de você tudo era tão caótico e doloroso –, então era importante que seu sanduíche não parecesse ter sido embrulhado por um preguiçoso. Um lanche correto indicava que alguém na sua família estava prestando atenção, mesmo que, no fundo, você soubesse que seus pais cometiam erros o tempo todo. Então, o lanche era um pouco como fazer a cama: tudo devia estar impecável.

Ok. Isso é tudo. Mas agora tenho material para selecionar, trabalhar, moldar, editar, destacar ou jogar fora. (É muita gentileza sua sugerir a última opção.) Esta é minha versão dos lanches escolares. A sua pode ser diferente e eu gostaria de conhecê-la.

(Não me entenda mal, não estou sugerindo que você a envie para mim. Mas aposto que ela revela coisas interessantes sobre você, sua família e a época em que você cresceu.) E, embora o que mostrei aqui seja um primeiro esboço ruim, o menino encostado na grade surgiu do nada – quando comecei a escrever, eu não fazia a menor ideia de que ele estava na minha memória. Para mim, ele é a coisa mais significativa que apareceu no exercício. Amanhã, quando eu me sentar para trabalhar no meu romance, ele será importante para mim, alguém com quem desejo trabalhar, que quero conhecer, que tem algo relevante a dizer ou conhece um lugar ao qual só ele pode me levar.

POLAROIDES

Escrever um primeiro esboço é muito semelhante a assistir à revelação de uma foto tirada com uma polaroide. Você não tem como – e, na verdade, não deveria – saber como a foto vai ficar até que ela seja revelada. Primeiro, você mira o que chamou sua atenção e tira a foto. No capítulo anterior, por exemplo, o que chamou minha atenção foi o conteúdo do meu lanche dentro de um saco de papel. Porém, à medida que a foto foi se revelando, descobri que eu tinha uma imagem muito clara do menino encostado na grade. Talvez a *sua* foto a princípio fosse o menino encostado na grade e só no último minuto você percebesse que havia uma família a alguns metros dele. Talvez fosse a família do menino ou de algum colega da turma, mas, de qualquer maneira, aquelas pessoas também vão aparecer na foto. Depois, o filme sai da câmera com uma coloração escura, cinza-esverdeada, que vai clareando gradativamente até que, por fim, você vê o marido e a esposa com o bebê no colo e dois filhos ao lado. De início, tudo parece muito doce, mas então as sombras começam a surgir e você vê a tragédia animal, os babuínos mostrando os dentes. Em seguida, percebe algumas flores de um vermelho bem vivo no canto inferior esquerdo que você nem tinha notado quando tirou a foto. Aquelas flores evocam um tempo ou uma lembrança que o comovem misteriosamente. Por fim, à medida que a imagem vai ganhando definição, você começa a perceber todos os objetos que cercam aquelas pessoas e entende como os objetos nos definem e nos consolam, como revelam nosso valor, nossos desejos e quem acreditamos ser.

Você não podia prever como ficaria aquele trabalho antes de começar. Sabia apenas que havia algo naquelas pessoas que o atraía e simplesmente esperou tempo suficiente para que isso se revelasse.

Seis ou sete anos atrás, pediram que eu escrevesse um artigo sobre as paraolimpíadas. Eu frequentava o evento local havia anos, em parte porque tenho um casal de amigos que compete. Além disso, adoro esportes e amo assistir aos atletas, tenham eles necessidades especiais ou não. Por isso, me apresentei daquela vez com muito interesse, mas sem ter ideia de como ficaria o artigo.

As coisas tendem a acontecer muito devagar nas paraolimpíadas. Mesmo assim, é emocionante e torci e fiz anotações durante toda a manhã.

O último evento de atletismo antes do almoço era uma corrida de 25 metros disputada por atletas com deficiências variadas. Eles prosseguiam com dificuldade. Alguns pareciam bem confusos: um homem parou na frente das arquibancadas, outro foi se dirigindo para o pódio (ambos foram encaminhados de volta à prova). A corrida demorou uma eternidade. Já era quase meio-dia e todos estávamos com muita fome. Por fim, os competidores cruzaram a linha de chegada e nós, nas arquibancadas, nos levantamos para ir embora – quando percebemos que lá na pista, a quatro ou cinco metros da largada, havia outra corredora.

Era uma garota de cerca de 16 anos, com um rosto bonito, em cima de um corpo frágil e magro. Ela usava muletas e estava avançando lentamente, um pequeno passo após outro, movendo cada muleta cinco ou seis centímetros e, em seguida, deslocando a perna. Era difícil de ver. Além disso, eu estava morrendo de fome. Por dentro, pensava "Vamos, vamos, vamos", esfregando a testa com ansiedade enquanto ela continuava a dar aqueles pequenos passos. Depois do que pareceram quatro horas, ela cruzou a linha de chegada e deu para ver que estava completamente eufórica, de uma maneira tímida e infantil.

Um homem alto e sem os dentes da frente desceu as arquibancadas ao meu lado enquanto eu saía a fim de procurar algo para comer. Ele puxou a manga do meu suéter. Olhei para cima e ele me entregou uma foto polaroide que alguém havia tirado dele e de seus amigos naquele dia. "Olhe para nós", disse. Sua fala era embolada e arrastada. Os dois amigos dele na foto tinham síndrome de Down. Os três pareciam extremamente satisfeitos consigo mesmos. Admirei a imagem e a devolvi. Ele parou; então, também parei. O homem apontou para si mesmo na foto e falou: "Esse é um cara legal."

Foi a partir daquela imagem que o artigo começou a se formar, embora eu não conseguisse dizer exatamente qual acabaria sendo o tema. Eu só sabia que algo havia começado a vir à tona.

Depois do almoço, fui para o ginásio, onde estava acontecendo uma partida de basquete masculino. O homem sem os dentes da frente era o astro do jogo. Dava para notar porque, embora ninguém ainda tivesse feito uma cesta, seus colegas de time quase sempre passavam a bola para ele. Até mesmo os jogadores da *outra* equipe passavam a bola para ele muitas vezes. Em vez de fazer cestas, os homens caminhavam em câmera lenta, batendo os pés de um lado a outro da quadra, driblando ruidosamente com a bola. Eu nunca tinha ouvido um jogo tão barulhento. Tudo tinha uma beleza caótica. Imaginei descrever o jogo em meu artigo e, depois, para os meus alunos: o barulho, a alegria. Continuei a rever a cena da garota de muletas avançando pela pista até alcançar a linha de chegada – e, de repente, o artigo começou a aparecer no meio daquela escuridão cinza-esverdeada. Pude ver que era sobre a limitação transformada em alegria ao longo dos anos, sobre a beleza do esforço. Pude enxergar isso quase com a mesma clareza com que tinha visto a foto daquele "cara legal" e seus dois amigos.

As arquibancadas do ginásio estavam lotadas. Alguns minutos mais tarde, ainda sem nenhum ponto no placar, o homem alto foi lentamente de uma extremidade a outra da quadra fazendo dribles, levantou a bola no ar e a arremessou na cesta. A multidão rugiu e todos os homens de ambos os times olharam para cima com os olhos arregalados, como se o aro tivesse começado a pegar fogo.

"Vocês teriam adorado assistir", digo aos meus alunos. "Teriam a sensação de que poderiam escrever o dia inteiro."

PERSONAGEM

O conhecimento de seus personagens surge da mesma maneira como a foto de uma polaroide é revelada: leva tempo. Certa vez, uma amiga me disse algo que desde então tem me ajudado a conhecer as pessoas nas minhas histórias. Ela falou que, quando nascemos, cada um de nós recebe um terreno. Você recebe um, eu recebo outro, assim como todas as pessoas. E, desde que não machuque ninguém, você pode fazer o que quiser com seu terreno. Pode plantar árvores frutíferas, flores, filas de legumes e verduras em ordem alfabética ou não plantar absolutamente nada. Esse terreno é cercado por uma grade com um portão e, se as pessoas começam a entrar e a sujar sua terra ou tentar convencê-lo a fazer o que elas julgam certo, você precisa pedir que elas saiam. E elas têm que sair porque o terreno é seu.

Da mesma forma, cada um de seus personagens tem uma maneira de cuidar (ou não) do próprio terreno emocional. Uma das coisas que você quer descobrir ao começar é como está o terreno de cada um deles. O que estão plantando e qual é o estado da terra. Essas informações talvez não fiquem evidentes enquanto escreve, mas a questão é que você precisa descobrir tudo o que puder sobre a vida interior dos personagens com os quais está trabalhando.

Você também quer saber como eles andam, o que carregam nos bolsos ou na bolsa, o que acontece com seu rosto e sua postura quando estão pensativos, entediados ou com medo. Em quem votaram nas últimas eleições? Por que devemos nos importar com eles? Qual seria a primeira coisa que parariam de fazer se descobrissem que lhes restavam apenas seis meses de vida? Será que voltariam a fumar? Será que continuariam a usar fio dental?

Você vai amar alguns de seus personagens porque eles são você ou alguma faceta sua. E esse também é o motivo pelo qual vai odiar outros. De todo modo, provavelmente terá que deixar que coisas ruins aconteçam com alguns dos personagens que você ama, caso contrário não terá muito que contar. Coisas ruins acontecem com boas pessoas porque nossas ações têm consequências e ninguém se comporta com perfeição o tempo todo. Assim que você começar a proteger seus personagens dos desdobramentos de seu comportamento não muito altivo, sua história começará a parecer chata e sem sentido, assim como acontece na vida real. Conheça ao máximo seus personagens, deixe que haja alguma aposta, depois permita que as fichas caiam onde quiserem. Um amigo que frequenta os AA me contou sobre um homem que desmaiava constantemente no gramado do jardim no meio da noite. Mesmo esgotada, a mulher dele continuava a arrastá-lo para dentro de casa antes do amanhecer, para que os vizinhos não o vissem. Até que, finalmente, uma senhora se aproximou dela um dia, após uma reunião, e disse: "Querida, deixe-o caído onde Jesus o derrubou."

Muito lentamente estou aprendendo a fazer isso no meu trabalho – e mais lentamente ainda na vida.

UM CONHECIDO CERTA vez me disse: "A evidência existe e você é o veredicto." Isso vale para todos os seus personagens. As evidências existirão e cada personagem será seu próprio veredicto, que talvez você não conheça de antemão. Talvez só conheça os aspectos externos de seus personagens em vez de sua essência. Não se preocupe. As coisas serão reveladas ao longo do tempo. Nesse ínterim, você consegue ver a aparência deles? Qual é a primeira impressão que causam? O que consideram mais importante do que qualquer outra coisa no mundo? Quais são seus segredos? Como se mexem? Que cheiro têm? Todo mundo caminha como se fosse uma propaganda de si mesmo – então, quem é esse personagem? Mostre para nós. Tudo o que eles fazem ou dizem nasce de quem são. Portanto, é preciso conhecer cada um deles ao máximo. Uma forma de fazer isso é olhar para dentro de seu coração, para as diferentes facetas de sua personalidade. Você talvez encontre um vigarista, um órfão, uma enfermeira, um rei, uma prostituta, um pregador, um fracassado, uma criança, uma velha encarquilhada. Foque em cada uma dessas pessoas e tente captar como elas se sentem, pensam, falam, sobrevivem.

Outra maneira de se familiarizar com seus personagens é baseá-los em alguém que você conhece, um modelo da vida real ou uma mistura – um tio seu com os tiques nervosos e o cheiro estranho daquele cara que você observou por 10 minutos na fila dos correios. Examine esses personagens e comece a pintá-los para os leitores. No entanto, páginas e mais páginas de pura descrição provavelmente vão cansá-los. Veja se você consegue ouvir o que eles diriam ou como se expressariam. Uma linha de diálogo convincente revela um personagem como nenhuma descrição seria capaz de fazer.

Como seu protagonista descreveria suas circunstâncias atuais para um amigo íntimo, antes e depois de alguns drinques? Veja se você consegue ouvi-los descrever quem acham que são e como a vida deles tem sido ultimamente. Este é um trecho de Andre Dubus que sempre mostro a meus alunos quando começamos a falar de personagens:

Adoro contos porque acho que é assim que vivemos. Eles são o que nossos amigos nos dizem nos momentos de dor e de alegria, paixão e raiva, desejo e revolta contra a injustiça. Podemos ficar a noite inteira sentados com um amigo enquanto ele fala sobre o fim do casamento e tudo o que ouvimos é uma série de histórias sobre paixão, ternura, desentendimentos, tristeza, dinheiro; aqueles dias e momentos em que ele e a mulher estavam absolutamente casados – não importa se estivessem gritando um com o outro, andando emburrados pela casa ou fazendo amor. Embora seu casamento estivesse morrendo, ele estava trabalhando, saindo com os amigos, criando os filhos; mas essas são outras histórias. É por isso que, dias após ouvir a história dolorosa de um amigo, nós o vemos e dizemos: "Como vai?" Sabemos que, àquela altura, ele talvez tenha outra história para contar ou talvez esteja no meio de uma – que esperamos que seja alegre.

Pense na vida de cada personagem como uma cesta: o que mantém o conteúdo unido? Quais são as rotinas e crenças daquela pessoa? O que elas escreveriam em seus diários: "Comi isso, odeio aquilo, fiz aquilo outro, levei o cachorro para dar um passeio demorado, conversei com o vizinho"? São essas coisas que as ligam ao mundo e às outras pessoas, que fazem com que cada personagem encontre sentido na vida.

A cesta é uma boa imagem por causa dos buracos. Até que ponto cada personagem tem consciência da fragilidade da cesta? Até que ponto elas estão presentes? Uma vez, alguém me disse: "Estou tentando aprender a me manter no momento presente; não no último momento nem no próximo, mas no *presente*."

Qual é o "momento presente" de seus personagens?

O que eles estão ensinando aos filhos por meio de exemplos e doutrinas? Por exemplo: há muito tempo, quando Sam tinha 2 anos, eu lhe ensinava cânticos de paz. Foi durante a Guerra do Golfo e eu estava com raiva.

– O que nós queremos? – eu perguntava a ele.

– Paz – gritava Sam, obediente.
– E quando nós a queremos?
– Agora! – respondia meu filho.
Eu sorria e o recompensava.
É claro que as palavras não faziam o menor sentido para ele. Eu poderia ter-lhe ensinado a dizer "Colheres!" em vez de "Paz!" e "Agosto!" em vez de "Agora!". Mas meus amigos adoravam; assim como os avós dele. E o que isso diz sobre mim e meus desejos? Acho que algo assim revelaria a um leitor mais sobre um personagem do que três páginas de descrição. Revelaria algo sobre sua posição política e a tradição na qual ele foi criado, sua vontade de agradar às pessoas, de ter paz, de fazer parte de algo; sua maneira de diluir a raiva e a frustração por meio do humor, usando o filho como um boneco, uma espécie de marionete. Este último dado é aterrorizante, mas também é pungente. Talvez, 35 anos atrás, aquela mulher tenha precisado se apresentar para os amigos dos pais. Talvez fosse a marionete deles. Quem sabe ela e o terapeuta não tenham discutido essa questão nos meses seguintes? E será que aquela mulher parou de usar o filho quando percebeu o que estava fazendo? Não, ela não parou. E isso nos diz mais ainda a seu respeito. Ela continuou por muito tempo depois do fim da guerra, até que, um dia, perguntou ao filho de 3 anos e meio:
– O que nós queremos?
– Almoço – respondeu ele, queixoso.

CERTA VEZ PEDI que Ethan Canin me contasse a coisa mais valiosa que ele sabia sobre escrita e, sem hesitar, ele respondeu: "Nada é tão importante quanto um narrador empático. Nada sustenta melhor uma história."
Acho que ele tem razão. Se o seu narrador tem uma visão fascinante das coisas, o fato de não acontecerem muitos eventos

durante um bom tempo não terá tanta importância. Eu poderia assistir a John Cleese ou Anthony Hopkins lavando a louça por uma hora sem precisar que muita coisa acontecesse. Ter um narrador agradável é como ter um grande amigo cuja companhia você adora, cuja opinião sempre quer conhecer, cujos comentários prendem sua atenção, que o faz rir alto e diz coisas que você sempre tem vontade de citar. Quando temos um amigo assim, ele pode nos convidar a ir a um depósito de lixo e não conseguimos pensar em nada que nos daria mais prazer do que acompanhá-lo. Da mesma maneira, uma pessoa chata ou inconveniente pode nos convidar para um jantar seguido de um show maravilhoso, mas, sinceramente, preferimos ficar em casa olhando para o teto.

Em grande parte, são os defeitos de uma pessoa que a tornam agradável. Gosto que meus narradores se pareçam com meus amigos. Ou seja, gosto que tenham os mesmos defeitos que eu. Preocupação consigo mesmo é uma boa, assim como tendência à procrastinação, ao autoengano, à obscuridade, ao ciúme, à submissão, à avidez ou à compulsão. Eles não devem ser perfeitos; perfeição significa ser raso, irreal e fatalmente enfadonho. Gosto que eles tenham senso de humor e que se preocupem com coisas importantes e com isso quero dizer que eles se interessam por questões políticas, psicológicas e espirituais. Quero que saibam quem somos e o que é a vida. Gosto que sejam mentalmente doentes do mesmo modo que eu. Por exemplo, certo dia um amigo me disse: "Se eu tentasse, poderia ficar chateado com o *oceano*." Percebi que gosto disso nas pessoas: que elas tenham esperança – se um amigo ou um narrador se revela desesperançoso muito cedo, perco o interesse. Fico deprimida. Começo a comer demais. Se uma pessoa não tem esperança, mas encara isso com bom humor, não me importo. Mas só isso já revela certa esperança ou leveza. Os romances devem ter esperança. Não faz sentido escrever romances sem esperança. Todos nós sabemos que vamos morrer; o importante é como lidamos com esse fato.

Às vezes, as pessoas não se mostram tão divertidas ou articuladas, mas ainda assim podem ser ótimas amigas ou narradoras, desde que tenham certa clareza de visão – especialmente se sobreviveram ou estão tentando sobreviver a um grande problema. Esse é um material inerentemente interessante, pois é a tarefa diante de todos nós: às vezes precisamos manter uma das mãos nesta pedra aqui e a outra naquela lá, cada pé procurando um apoio firme, mesmo que temporário, e, enquanto estamos escalando aquela montanha, não há tempo para bolhas, champanhe e tiradas perspicazes. Você não se importa se as pessoas em uma situação como essa não são encantadoras. Fica feliz por vê-las fazendo algo que você mesmo precisará fazer mais à frente – e com dignidade. O desafio e a dignidade tornam aquela situação suficientemente interessante.

Além disso, decidir o que é interessante é muito subjetivo. As pessoas me pedem que leia livros e artigos jurando que são fascinantes. No entanto, me pego acordando com um sobressalto e um livro nas mãos – como se acorda no cinema, depois de um cochilo, achando que se está caindo de um avião. A seguir apresento um trecho de um conto de Abigail Thomas que, para mim, sintetiza essa questão do que é interessante:

> *A primeira exigência de minha mãe com relação a um homem é que ele seja interessante. Isso significa que ele deve ser capaz de apreciar minha mãe, cujas piadas dependem de algumas sutilezas gramaticais ou de um profundo conhecimento de matemática avançada. Já deu para entender, não? Robbie é tão interessante quanto um par de All Star vermelhos de cano alto. Mas ele aponta para o colchão no chão, sorri, desafivelando lentamente o cinto, tira o jeans e diz: "Deite-se".*
>
> *Isso é suficientemente interessante para mim.*

Também queremos ter a sensação de que um personagem importante, como um narrador, é confiável. Queremos acreditar que ele não está brincando nem sendo recatado ou manipulador, mas que, dentro do possível, está dizendo a verdade. (A menos que uma importante característica dele seja o recato, a manipulação ou a mentira.) É claro que mergulhamos em uma obra de ficção para sermos manipulados, mas queremos que isso seja feito de maneira agradável, e não de modo grosseiro. Queremos ser massageados por um profissional, não surrados com um batedor de tapetes.

- Isso nos leva à questão de como nós, escritores, dizemos a verdade. Um escritor busca a verdade e, paradoxalmente, conta mentiras a cada etapa do caminho. Se você inventa alguma coisa, é mentira. Mas você a inventa em nome da verdade e depois faz de tudo para expressá-la com clareza. Cria os personagens, um pouco com base em sua experiência pessoal e um pouco tirados do subconsciente, e se sente obrigado a dizer toda a verdade sobre eles, embora você os tenha criado. Acho que o motivo moral básico para fazer isso é a Regra de Ouro: não quero que mintam para mim; quero que você me diga a verdade e tentarei dizer a verdade para você.

UM ÚLTIMO LEMBRETE: você provavelmente só vai conhecer seus personagens semanas ou meses após ter começado a trabalhar com eles. Frederick Buechner escreveu:

> *Você evita obrigar seus personagens a marcharem com um passo estável demais ao som do seu propósito artístico. Você deixa alguma margem de verdadeira liberdade para que sejam eles mesmos. E, se personagens menores demonstram uma propensão a se tornarem importantes, como estão aptos a fazer, você*

pelo menos os deixa tentar, porque, no mundo da ficção, podem ser necessárias várias páginas até que você descubra quem são realmente os personagens importantes, da mesma maneira que, no mundo real, podem ser necessários vários anos para descobrir que o estranho com quem você conversou uma vez por meia hora na estação de trem talvez tenha sido mais importante para indicar onde fica seu lar do que seu pastor, seu melhor amigo ou até mesmo seu psiquiatra.

Não finja saber mais sobre seus personagens do que eles mesmos, porque você não sabe. Fique aberto para eles. Apenas ouça.

TRAMA

A trama é a história principal do seu livro ou conto. Se você está procurando discussões longas e brilhantes sobre trama, E. M. Forster e John Gardner escreveram obras que discutem esse tema com bastante lucidez e sabedoria. Eu só quero acrescentar algumas ideias que transmito a meus alunos quando eles parecem particularmente amargurados ou confusos.

A trama nasce do personagem. Se você se concentrar em quem são os protagonistas da sua história, se escrever sobre duas pessoas que conhece e com as quais está se familiarizando mais a cada dia, algo certamente acontecerá.

Os personagens não devem servir de peões para uma trama qualquer que você tenha imaginado. Uma trama imposta aos personagens não vai funcionar. Não se preocupe com a trama, mas com os personagens. Deixe que seus atos e falas revelem quem eles são, envolva-se na vida deles e pergunte-se sempre: "O que acontece agora?" O desenvolvimento das relações cria a trama. Flannery O'Connor, em *Mystery and Manners* (Mistério e modos), conta que mostrou muitas de suas primeiras histórias para uma senhora idosa que morava na mesma rua que ela. A mulher as devolveu dizendo: "Estas histórias simplesmente mostram a você o que algumas pessoas *fariam*."

A trama é isto: o que as pessoas fazem apesar de tudo indicar que elas não deveriam fazer aquilo, que deveriam ficar sentadas quietas no sofá respirando lentamente, ligar para o terapeuta ou comer até a vontade de fazer aquilo passar.

Portanto, concentre-se no personagem. Nos livros de Faulkner, por exemplo, a ação nasce da natureza dos personagens e, embora não sejam necessariamente pessoas que você gostaria de conhecer, eles nos atraem porque acreditamos que existem e que seus atos são coerentes com sua personalidade. Lemos Faulkner pelo primor de suas terríveis criações, pela beleza da escrita e para descobrir como é a vida do seu ponto de vista. Ele exprime tudo isso por meio dos personagens. Você só pode nos dar o seu ponto de vista em relação à vida. Não vai conseguir nos dar o projeto de um submarino. A vida não é um submarino. Não existe projeto.

Descubra qual é a coisa mais importante do mundo para cada personagem e assim saberá o que está em jogo. Encontre uma maneira de expressar essa descoberta com ações e deixe que seus personagens a descubram, se agarrem a ela e a defendam. Em seguida, você pode levá-los várias vezes do bem para o mal, da confusão à clareza, e vice-versa. Mas algo deve estar em jogo ou não haverá tensão e seus leitores não vão virar as páginas. Pense em um jogador de hóquei – é melhor que haja um disco sobre o gelo ou ele vai parecer bastante ridículo.

É ASSIM QUE funciona para mim: sento-me de manhã e releio o que fiz no dia anterior. Depois fico "viajando", olhando para a página em branco ou para o nada. Imagino meus personagens e me permito sonhar acordada com eles. Um filme começa a passar na minha cabeça, com uma emoção pulsando ao fundo. Assisto àquilo quase em transe, até que as palavras se unem e formam uma frase. Então faço o trabalho subserviente de pôr aquilo no papel, porque sou a digitadora escolhida e também a pessoa cujo trabalho é segurar o lampião enquanto a criança cava. O que a criança está procurando? As *coisas*. Detalhes, pistas, imagens, inventividade, ideias frescas, um entendimento intuitivo das pessoas. Posso dizer que, na metade das vezes, quem segura o lampião nem mesmo sabe o que a criança está procurando – mas sabe identificar ouro quando o vê.

SUA TRAMA VAI se encaixando à medida que, a cada dia, você ouve atentamente seus personagens e observa seus movimentos, seus encontros e seus diálogos. Você os verá influenciando a vida uns dos outros, descobrirá o que são capazes de fazer e também os verá chegar a vários fins. Esse processo de descoberta da história muitas vezes acontece aos solavancos. Não se preocupe. Continue tentando fazer a história avançar. Mais tarde, haverá tempo para torná-la mais agradável e coerente. John Gardner disse que o escritor cria um sonho no qual convida o leitor a entrar e esse sonho deve ser vívido e contínuo. Peço que meus alunos anotem esta frase essencial: *o sonho deve ser vívido e contínuo*. Fora da sala de aula, você não tem a chance de se sentar ao lado dos leitores para explicar pequenas coisas que foram deixadas de fora ou acrescentar detalhes que teriam tornado a ação mais interessante ou verossímil. O material precisa funcionar sozinho e o sonho deve ser vívido e contínuo. Pense nos sonhos que você tem enquanto dorme, na facilidade com que as cenas se sucedem; você não revira os olhos fechados e pensa: "Espere um pouco – *nunca* me droguei com Rosalyn Carter nem *tenho* cavalos, muito menos pequenos cavalos árabes do tamanho de gatos." Na maior parte do tempo, você apenas passa de uma cena a outra, porque tudo é muito imediato e atraente. Simplesmente *precisa* descobrir o que vai acontecer em seguida e é isso que quer que seus leitores sintam.

Talvez você precise de alguém para testar seu material, provavelmente um amigo ou colega, alguém que possa dizer que as costuras estão aparecendo, que a história saiu dos trilhos ou até mesmo que o material não está tão ruim quanto você achava e que as primeiras 100 páginas se sustentam. Mas, por favor, deixe que outra pessoa dê uma olhada no seu trabalho. É muito difícil sempre ter que ser o executor. Além disso, pode ser que você não consiga ver os problemas, porque, ao encontrar seus personagens e a história deles, estará tentando descrever algo a partir de sensações, não de visões. Então encontre alguém que possa contribuir com o projeto oferecendo um olhar mais frio e distanciado. Deixe outra pessoa fazer isso com seus manuscritos, eliminando as reviravoltas na trama que nunca vão funcionar, por mais que você tente resolvê-las.

SE PEÇO QUE 30 alunos escrevam um conto sobre um casal que está pensando em se divorciar até que algo inesperado acontece, vou receber 30 enredos completamente diferentes, pois as pessoas têm histórias e sensibilidades diferentes. Um aluno vai escrever que a esposa teve uma epifania na qual gansos selvagens passavam à sua frente, iluminados pelo luar, e de repente decidiu dar outra chance ao marido. Outro vai escrever sobre o momento em que o marido, na sua corrida matinal, começou a acreditar que o casamento merecia ser salvo e, enquanto voltava para casa correndo para dar a boa notícia à mulher, foi atropelado por um carro de autoescola. Um terceiro vai criar uma história muito estranha, ambientada em Hollywood, porque andou lendo Nathaniel West recentemente. Cada escritor vai apresentar sua própria versão do que são amor e vida. Algumas serão cínicas; outras, tristes ou cheias de esperança. Outras, ainda, serão lentas e interiorizadas ou repletas de drama.

O drama é a maneira de prender a atenção do leitor. A fórmula básica do drama é introdução, desenvolvimento, desfecho

– exatamente como em uma piada. A introdução nos diz qual é o jogo. O desenvolvimento é onde você faz todos os lances, onde movimenta as peças para a frente. O desfecho responde à pergunta: afinal de contas, por que estamos aqui? O que você está tentando revelar? O drama deve se mover para a frente e para cima, senão a plateia começará a sentir que suas poltronas são duras e desconfortáveis e acabará se tornando impaciente, decepcionada e infeliz. Deve haver movimento.

Você precisa fazer com que os personagens avancem, mesmo que lentamente. Imagine fazê-los atravessar um lago de ninfeias. Se cada folha flutuante de ninfeia for escrita com beleza e cuidado, o leitor ficará ao seu lado enquanto você se desloca para o outro lado, precisando apenas das ligações mais básicas – como ritmo, tom ou clima.

Talvez você precise usar efeitos e truques para fazer as coisas avançarem e para nos ajudar a lembrar quem é cada personagem – dando-lhe um charuto, um eterno olhar perdido –, mas, se estiver sendo falso, isso vai transparecer. Se você conscientemente inventar algo para fazer a trama avançar – por exemplo, pegando um personagem que não entende bem e atribuindo-lhe sentimentos que não conhece porque quer que a trama funcione –, a manobra provavelmente não vai dar certo. O leitor vai parar de confiar em você e possivelmente se tornará amargo e ressentido. Essa é a pior coisa que pode acontecer. Parta do princípio de que nós, seus leitores, somos inteligentes e atentos. Portanto, vamos pegá-lo se você tentar falsear alguma coisa.

Se perceber que fez isso, pare e olhe novamente para seus personagens. Você precisa concentrar-se naquelas pessoas e, como não as conhece, a maneira de fazer isso é mergulhar dentro de si mesmo e encarar seus problemas e idiossincrasias. Assim, será capaz de descobrir o que é verdade para aquelas pessoas e, consequentemente, o que elas fariam ou não em determinada situação.

Li um trecho maravilhoso de uma entrevista com Carolyn Chute, autora de *The Beans of Egypt, Maine* (Os feijões de Egypt, Maine), no qual ela falava sobre reescrever: "Acho que muitas vezes meu processo de escrita é como ter cerca de 20 caixas de enfeites de Natal, mas nenhuma árvore. Onde ponho isso? Então me dizem: 'Tudo bem, você pode ter uma árvore, mas vamos vendá-la e você terá que escolhê-la de olhos fechados.'"

Foi assim que cheguei às minhas tramas várias vezes: tinha aquelas maravilhosas lâmpadas brilhantes sem saber onde pendurá-las. Mas eu permanecia com os personagens, cuidando deles, conhecendo-os cada vez melhor, me vestindo toda manhã e trabalhando o máximo possível e, de algum modo, misteriosamente, acabava descobrindo a história deles. Várias vezes eu sentia que meus personagens sabiam quem eram e o que acontecia com eles, onde haviam estado e para onde iam, o que eram capazes de fazer, mas precisavam de mim para pôr tudo aquilo no papel, porque a letra deles era horrível.

ALGUNS ESCRITORES AFIRMAM que sabem qual será o clímax desde cedo, muito antes de se aproximarem dele. O clímax é aquele evento importante, geralmente perto do fim, que reúne e transforma todas as canções que você andou tocando até aquele momento em um grande acorde, modificando profundamente pelo menos um dos seus personagens. Se ninguém mudou, então qual é o sentido da sua história? Para o clímax, deve haver uma morte, uma cura ou uma dominação. Pode ser uma morte de verdade, um assassinato ou talvez a morte do espírito ou de algo terrível dentro da alma de uma pessoa, ou então pode ser a morte da morte interior, tornando a pessoa viva novamente. A cura pode ser uma união, uma reabilitação, o resgate de um prêmio frágil. Mas, não importa o que aconteça, precisamos sentir que aquele desfecho era inevitável, que, embora talvez estejamos perplexos, aquilo parece absolutamente certo, que o curso dos eventos só poderia ter dado naquilo, que não havia outro caminho.

Para ter essa sensação de inevitabilidade, é provável que o clímax da sua história só se revele lentamente e ao longo do tempo. Talvez você ache que sabe o que aquele momento contém – e faz sentido mirar em algo –, mas recomendo que não se fixe demais no que vai acontecer. Em vez disso, concentre-se na identidade dos seus personagens e em como eles se sentem em relação uns aos outros, o que dizem, que cheiro exalam, que pessoas temem. Deixe que seus seres humanos sigam a música que estão escutando e que ela os leve aonde quiser. Talvez você descubra, quando chegar suficientemente perto para espiar pela fresta, que durante todo aquele tempo seus personagens tinham em mente algo que era mais inteligente e muito mais significativo do que aquilo que você queria lhes impor.

Portanto, mire, mas não demais. *Apenas* quando finalmente vir o clímax se formando à sua frente você poderá correr na direção dele.

POR FIM: CERTA vez assisti a uma palestra de Alice Adams sobre contos. Um aspecto de seu discurso deixou seu público tão empolgado que, desde então, o reproduzo para meus alunos. (Quase sempre dou o crédito a ela.) Alice disse que, às vezes, usa uma fórmula quando está escrevendo um conto: ABDCE, que significa Ação, Base, Desenvolvimento, Clímax e Encerramento. Você começa com uma ação suficientemente interessante para nos atrair e nos fazer querer saber mais. A base é quando você nos permite ver e saber quem são aquelas pessoas, por que estão juntas, o que estava acontecendo antes do início da história. Em seguida, você desenvolve os personagens e nos mostra o que é mais importante para eles. A trama – o drama, as ações, a tensão – vai surgir disso. Você faz as coisas avançarem até reunir tudo no clímax. Depois disso, as situações mudam para os personagens principais, as coisas ficam realmente diferentes. Então vem o encerramento: qual é nossa percepção a respeito de quem aquelas pessoas são neste momento, o que lhes resta, o que aconteceu e o que tudo aquilo significou.

Uma fórmula pode ser uma ótima maneira de começar. E a sensação de finalmente mergulhar de cabeça é ótima. Talvez você se debata e espirre água para todo lado durante algum tempo, mas pelo menos entrou. Depois, começa a dar braçadas de qualquer jeito e fica um pouco assustado – pensando em como aquilo é difícil e na distância que ainda resta –, mas continua dentro d'água, boiando e se movimentando.

DIÁLOGO

É um grande prazer encontrar um bom diálogo durante a leitura, uma mudança total de ritmo em relação à descrição, à exposição e toda aquela *escrita*. De repente, as pessoas estão falando e nós as acompanhamos. E temos todos os prazeres do voyeurismo, porque os personagens não sabem que estamos ouvindo. Acabamos nos sentindo bem informados sobre suas maquinações internas sem ter que passar muito tempo lendo seus pensamentos. Não quero ouvi-los pensando o tempo todo no papel. Já é muito chato *eu* ter que pensar o tempo todo sem que alguma outra pessoa despeje seu pensamento obsessivo-compulsivo e paranoico em mim também.

Por outro lado, nada quebra tão facilmente o clima de um texto como um diálogo ruim. Meus alunos ficam desolados quando estão lendo uma história ótima para a turma e, de repente, chegam a um trecho de diálogo que é tão óbvio e expositivo que parece tirado de uma peça infantil. Nesse ponto o texto fica emocionalmente desafinado e há uma completa falta de ressonância. Consigo ver a surpresa no rosto deles, porque o diálogo parecia bom. Porém, naquele momento, soa como se tivesse sido mal traduzido do híndi. O problema é que o escritor simplesmente pôs no papel uma palavra após outra. Quando lido em voz alta, aquele texto não flui, não tem o ritmo que o personagem imprimiria àquelas palavras na vida real.

Em obras de não ficção, a esperança é que a pessoa realmente tenha dito as palavras que você atribui a ela. No entanto, na ficção vale tudo. É uma questão de ouvido, assim como encontrar o detalhe físico certo é, em grande parte, uma questão de olho. Você não está reproduzindo um discurso real – está traduzindo o som e o ritmo daquilo que um personagem põe em palavras. Está pondo no papel sua ideia de como ele fala.

É uma verdadeira habilidade ouvir todas aquelas palavras que as pessoas de verdade – e seus personagens – dizem e registrar o que você escutou; e o resultado é, ou deve ser, mais interessante, conciso e até mesmo mais verdadeiro do que aquilo que na verdade foi dito. O diálogo se parece mais com um filme do que com a vida real, pois deve ser mais dramático. Há uma noção maior de ação. Antigamente, antes dos filmes, antes de Hemingway, digamos, o diálogo nos romances era muito mais estudado e floreado. Os personagens falavam de um modo que não era como pessoas de verdade falam. Com Hemingway, as coisas começaram a ficar mais simples. O bom diálogo se tornou afiado e enxuto. Agora, nas mãos certas, o diálogo pode conduzir os eventos por caminhos que nos deixam sem fôlego.

Há várias coisas que ajudam quando você se senta para escrever um diálogo. Primeiro, o som das palavras – leia-as em voz alta. Se não puder fazer isso, articule-as sem pronunciá-las. Isso é algo que você precisa praticar, repetindo várias vezes. Depois, quando estiver no mundo lá fora (e não em frente à sua escrivaninha) e ouvir as pessoas falando, vai se pegar editando as falas, brincando com as palavras, imaginando como aquilo ficaria escrito. Você ouve o modo como as pessoas falam e aos poucos aprende a pegar um discurso de cinco minutos e transformá-lo em uma frase, sem perder nada. Se você é, ou quer ser, um escritor, é assim que passa seus dias: escutando, observando, armazenando coisas, fazendo com que seu isolamento seja recompensado.

Você leva para casa tudo o que absorveu e ouviu por acaso e transforma aquilo em ouro. (Ou pelo menos tenta.)

Segundo, lembre-se de que você deve ser capaz de identificar cada personagem pelo que ele diz. Cada um deve soar diferente dos outros. E eles não devem falar como você: precisam ter uma identidade própria. Se conseguir acertar os maneirismos deles, saberá o que estão vestindo, dirigindo e até mesmo pensando, além de entender como foram criados e o que estão sentindo. É preciso ter certeza de estar ouvindo o que *eles* dizem mais alto do que aquilo que você diz. Pelo menos, deixe que cada um tente se expressar: às vezes, o que eles estão dizendo e a maneira como estão se expressando mostrarão quem são e o que realmente está acontecendo. Epa – eles finalmente vão se casar! Ela é gay! E você não fazia a menor ideia!

Terceiro, talvez você tenha vontade de reunir duas pessoas que querem, mais do que tudo no mundo, se distanciar, que evitariam cidades inteiras só para garantir que não acabariam se esbarrando. Existem pessoas que quase me inspiram a entrar para o programa de proteção a testemunhas, só para ter certeza de que nunca mais precisarei falar com elas de novo. Talvez haja alguém assim na sua vida. Pegue um personagem que suscite esse tipo de sentimento no seu protagonista e ponha os dois no mesmo elevador. Depois faça com que o elevador pare. Não há nada como um clima pesado para fazer as coisas avançarem. Bem, os dois terão muito a dizer, mas também ficarão com medo de não conseguir controlar *o que* dirão. Ficarão com medo de explodir – o que pode acontecer ou não. Mas só há uma maneira de descobrir. De qualquer forma, o bom diálogo nos dá a sensação de que estamos ouvindo a conversa alheia, que o autor não está atrapalhando. O bom diálogo engloba tanto o que é dito quanto o que não é dito. O que não for verbalizado ficará pacientemente do lado de fora do elevador parado ou passará correndo pelos pés dos personagens, como um rato.

Deixe que eles refreiem alguns pensamentos e, ao mesmo tempo, que detonem pequenas bombas.

Se você tiver sorte, seus personagens poderão ficar impacientes com sua incapacidade de expressar tudo o que eles têm a dizer. É assim que você sabe que está no caminho certo.

O DIÁLOGO É *a* maneira de revelar a natureza de um personagem, portanto você precisa achar a voz correta. Contudo, não vai querer ficar sentado tentando pôr as palavras certas na boca dos personagens. Não acho que as palavras certas, assim como os próprios personagens, já existam de antemão na sua cabeça. Eles existem em algum outro lugar. O que temos na cabeça são fragmentos, pensamentos e coisas que ouvimos e memorizamos. Pegamos nosso saco de pano, enfiamos a mão lá dentro, jogamos algumas coisas no papel e então nosso inconsciente entra em ação. Por exemplo, digamos que um sujeito esteja passando pela rua. Faz frio e você sempre quis um sobretudo de couro, então dá um para ele. Depois você o segue. Descreva o que está vendo e ouça com cuidado.

Digamos que esse cara encontre uma mulher na rua. O rapaz de sobretudo de couro encontra a bela moça com lábio leporino e uma bolsa Gucci. Ele não pode dizer: "Ei, vamos nos casar!" Algumas coisas precisam acontecer antes. Eles devem se conhecer, mesmo que só um pouco. Vão conversar e falar um do outro para os amigos. Escreva tudo isso. Depois de um tempo, o casal vai começar a soar mais autêntico – porque você realmente os estará conhecendo – e talvez você perceba que é melhor se livrar daquele sobretudo, exagerado demais, e que o primeiro diálogo terá que ser reescrito. Mas não faça isso agora. Siga em frente, deixe que eles passem mais tempo juntos, que se conheçam um pouco. Volte mais tarde e refaça-o.

Quanto mais conhecer os personagens, mais verá as coisas do ponto de vista deles. Você precisa confiar que leva jeito para ouvir as pessoas, observá-las, perceber o que estão vestindo e como se mexem, capturar seu modo de falar. Você quer evitar a todo custo que seus personagens sejam inspirados nos de outras obras de ficção. Precisa aprender sobre pessoas com pessoas, e não com leituras. Sua leitura deve *confirmar* o que você observou no mundo.

À medida que for descobrindo quem são seus personagens, sua simpatia por eles aumentará. No seu trabalho, você não deve se apegar a um único personagem importante. Deve simpatizar até com o vilão – na verdade, principalmente com ele. A vida não segue um roteiro. O vilão tem um coração e o herói tem grandes falhas. Você precisa prestar atenção no que cada personagem diz para conhecer o coração deles.

Apenas nas histórias em quadrinhos e nos filmes blockbuster sentimos algum prazer em destruir vilões totalmente malvados e sinistros, porque, nesses casos, eles foram sistematicamente despersonalizados. Todos os seus atos são atrozes e sociopáticos, eles dizem coisas terrivelmente más e depois podemos matá-los, como num ritual. No fim do livro, pode haver alívio resultante da justiça.

Você não pode criar um herói ou um vilão com base em seu entendimento intelectual e, com isso, esperar prender os leitores. Provavelmente precisará encontrar esses personagens entre as pessoas que traz no coração. Por exemplo: se Anthony Hopkins, em *O silêncio dos inocentes*, não tivesse um entendimento emocional do coração de Hannibal Lecter, seus trejeitos não teriam parecido tão verdadeiros ou aterrorizantes. A primeira vez que o vemos, ele simplesmente está em pé, sem expressão, com os braços esticados ao lado do tronco. É de arrepiar. Para provocar essa reação em nós, Hopkins deve ter criado empatia com algo dentro de Lecter, entendido alguma coisa sobre seu coração.

Da mesma maneira, o escritor precisa tentar entender cada um de seus personagens. A única coisa a fazer quando as sensações de medo e baixa autoestima dizem que você não está à altura da tarefa é contra-atacar, trabalhando um pouco a cada dia. Realmente é possível fazer isso, encontrar as pessoas dentro de você e aprender a ouvir o que elas têm a dizer.

Por exemplo, digamos que seu protagonista pode se magoar se alguém for ríspido com ele – ao contrário de você (rá-rá-rá). Digamos que ele se pareça um pouco com você, porque, quando fica meio deprimido ou tenso, corre para comer uma costela gordurosa e queimada. Portanto, pode ser que ele também esteja um pouco acima do peso – o que talvez não seja o seu caso. *De qualquer maneira*, vamos criá-lo como alguém que trabalha num escritório, que foi mimado. O que ele poderia dizer para nos indicar isso? Vamos vesti-lo cuidadosamente, porque dentro de um minuto talvez tenhamos que humilhá-lo. Por exemplo, o nó de sua gravata está tão perfeito que podemos dizer que foi sua mulher quem o fez naquela manhã. As roupas, o anel e os sapatos vão falar e nos ajudar a descobrir quem ele é, mas, acima de tudo, ele vai dizer coisas para a secretária, para os visitantes e para os colegas de trabalho e essas pessoas vão responder – e nós queremos ouvir os dois lados dessas conversas.

E se o chefe disser a ele alguma coisa que pareça inofensiva, mas que o magoe profundamente? E se dessa vez ele reagir de uma maneira diferente, em vez de ir direto para a churrascaria? E se ele começar a dizer coisas que não têm nada a ver com o que *você* tinha em mente e que, misteriosamente, soam verdadeiras? E se ele disser algo tão ultrajante para o chefe a ponto de pôr o emprego em risco? E se depois, em vez de comer feito um desesperado, ele passar toda a hora do almoço em uma livraria especializada em títulos pornôs? Bem, talvez você tenha se enganado a respeito do seu personagem. Talvez, em duas linhas de diálogo, ele deixe de ser um advogado de renome e passe a ser um vendedor de tapetes medíocre. Talvez isso não lhe seja conveniente, mas pelo menos agora você pode ver com quem realmente está trabalhando.

Em seguida quero ouvir como ele descreve o dia para a esposa, o que ele inclui, como conta essas coisas e o que deixa de mencionar. Então você procura capturar isso tentando achar na sua psique aquela pessoa que levou uma bronca, que é um pouco sensível, que se magoa facilmente. Você escreve um primeiro esboço ruim, o lê em voz alta, deixa aquelas falas que parecem verdadeiras e elimina o resto. Eu gostaria que houvesse uma maneira mais fácil e agradável, um atalho, mas esta em geral é a natureza da boa escrita: você vai encontrando coisas à medida que prossegue. Depois, volta e reescreve. Lembre-se: ninguém está lendo seus primeiros esboços.

PRECISO FAZER UMA breve digressão: você cria esses personagens e, pouco a pouco, descobre o que eles dizem e fazem, mas tudo isso acontece em uma parte sua à qual você não tem acesso: o inconsciente. É lá que a criação é feita. Começamos com personagens armazenados e nosso inconsciente nos fornece pessoas reais, de carne e osso, críveis. Meu amigo Carpenter fala do inconsciente como o porão onde fica o menino que cria os personagens, que são entregues a você por um alçapão. Ele talvez esteja recortando bonecos de papel. É um menino tranquilo; está só brincando.

Você não pode se forçar a ser receptivo ao que o menino tem a oferecer e também não pode comprar uma chave que lhe permita entrar no porão. Você precisa relaxar, deixar o pensamento vagar, se livrar dos críticos internos, ficar lá sentado em uma espécie de auto-hipnose e *praticar*. Ou seja, não pode simplesmente ficar na frente da escrivaninha babando. Precisa mexer a mão sobre o papel ou o teclado. Talvez, no início, o resultado seja ruim, mas você deve continuar. Tente lembrar que, até certo ponto, você é apenas o digitador. Um bom digitador escuta.

Às vezes imagino que, em vez do menino, quem está no porão é um personagem do Dr. Seuss, bem-humorado, de pescoço comprido, muito concentrado e, ao mesmo tempo, só brincando. Ele estica a cabeça em direção ao som da conversa dos personagens, não como um escrivão de tribunal, mas como uma pessoa sozinha na mesa ao lado, tentando não se intrometer, mas querendo captar tudo. Talvez você queira criar uma imagem ou uma metáfora para essa outra parte de você mesmo que fica separada da sua mente racional e consciente, essa outra pessoa com a qual pode colaborar. Talvez isso faça com que se sinta menos sozinho.

UMA ÚLTIMA COISA: diálogos escritos em gírias são muito cansativos. Se você consegue fazer isso de modo brilhante, ótimo. Se outros escritores leem o seu trabalho e elogiam o uso das gírias, vá em frente. Mas certifique-se de que esteja usando bem esse recurso, senão a leitura será muito trabalhosa, porque é algo que nos causa uma sensação estranha. (No entanto, uma pessoa atrás de mim na fila do supermercado semana passada, durante uma tempestade, disse, depois de dar um tapa na testa, "Ih, mó toró!" e apontou para a chuva lá fora. Passei o resto do dia tentada a escrever todo um romance sobre ela, em gíria.)

CENÁRIOS

À s vezes você pode achar útil deixar que seus personagens se reúnam na coxia sem sua supervisão, preparando-se para os papéis, improvisando diálogos, enquanto você arruma o palco para que eles entrem. Imagine-se como o cenógrafo da peça ou do filme inspirado na história em que está trabalhando. Talvez ajude saber como é o aposento (ou o navio, o escritório, o gramado) no qual a ação transcorre. Você quer saber como é aquele lugar – a temperatura, as cores. Assim como todas as pessoas são propagandas ambulantes de si mesmas, podemos dizer que todo aposento é uma vitrine dos valores e da personalidade de seus ocupantes. Todo aposento está relacionado à memória e nos dá fragmentos de informação sobre nosso passado e nosso presente, nossa identidade, nossos relicários e peculiaridades, nossas esperanças e mágoas, nossas tentativas de provar que existimos e que somos razoavelmente legais. Em nossos aposentos, você pode ver de quanta luz precisamos – quantas lâmpadas, velas, claraboias temos – e, pelo modo como mantemos as coisas iluminadas, pode ver como buscamos conforto. A mistura nos nossos aposentos é muito comovente: a desordem e as rachaduras na parede revelam o desabrigo ou a desolação da nossa vida, ao passo que fotos e alguns objetos raros mostram nosso orgulho, nossos momentos de brilho.

Como disse a fotógrafa Catherine Wagner, os aposentos são ruínas futuras.

Então, você se senta na frente da escrivaninha e tenta visualizar o cenário em que seus personagens entrarão. Talvez eles tenham dinheiro e você não, então pode precisar ligar para um amigo ou um parente que tem ou já teve muito dinheiro e pedir, com a maior delicadeza, que ele o ajude a conceber uma casa na qual moram pessoas abastadas. Quando falo em delicadeza, quero dizer que você vai obter mais informações se não mencionar as injustiças da vida, o fato de sua casa parecer cada vez mais um barraco e que talvez você tenha que doar sua cadela porque não tem dinheiro para alimentá-la. Diga apenas: "Estou trabalhando em uma parte do meu livro na qual vemos pela primeira vez uma família muito rica e tradicional e fiquei imaginando se você poderia me ajudar descrevendo os carpetes, tapetes, luminárias e antiguidades que esses personagens poderiam ter. Por exemplo, vamos começar pela sala de estar. Você poderia descrever com o máximo de detalhes uma linda sala de estar?" Depois pergunte sobre os cheiros de que essa pessoa rica se lembra, na sala de estar e na cozinha, sobre a iluminação e os ruídos, ou o silêncio, nos diversos aposentos.

Da mesma maneira, pode pedir a alguém que foi pobre que descreva com exatidão a casa em que cresceu: a cozinha, os quartos, o sofá no quintal.

Anos atrás, eu estava trabalhando em um romance que envolvia uma mulher que adorava jardinagem. Não gosto de jardinagem. Gosto dos jardins das outras pessoas e de flores já colhidas. Tenho grama artificial e um monte de flores de plástico de alta qualidade espetadas no meu jardim. É uma visão bonita e me faz pensar em vários poemas de e. e. cummings.

As pessoas costumavam me dar vasos com flores e árvores, e o que acontecia com aquelas plantas era terrível demais para que eu descreva aqui. No final, parecia que eu as havia regado com herbicida. Eu dizia às pessoas que não tinha muito jeito com plantas e elas deduziam que eu apenas ainda não havia encontrado a planta certa e que seriam capazes de me libertar e fazer com que Deus restaurasse meu dom da visão e tudo o mais. Então traziam uma pequena muda para que eu treinasse. Eu me empenhava em regá-la e mantê-la ao sol ou fora dele, de acordo com o que mandava o cartão de instruções. Depois de um mês, quase dava para ouvir o esgotamento clorofílico, um verdadeiro drama. Eu podia ver a planta com as mãozinhas na garganta, ofegantes e acusadoras, olhando para mim com olhinhos suplicantes. Quem precisa passar por isso? Pode acreditar, já tenho problemas suficientes.

Na verdade, consegui manter uma planta enorme e horrível viva durante meses num vaso. Nem sei de que espécie era, mas tinha um metro de altura, antes da sua derrocada, e tinha um tom verde que parecia falsamente alegre. Eu a reguei e cortei as folhas mortas. E como ela me retribuiu? Perdeu todo o viço, parou de crescer. Eu fornecia água, luz do sol e fertilizantes caros – o que mais deveria fazer, chamar um psiquiatra? Finalmente caí em mim, levei a planta para fora e a pus em um canto do quintal no qual não precisaria olhar para ela. Você deve estar pensando que ela imediatamente começou a florescer, mas não. Ela morreu mesmo.

Portanto, nem preciso dizer que, na hora de conceber um jardim para minha protagonista, eu não tinha como explorar as profundezas da minha experiência em jardinagem. Mas, de alguma maneira, sem conseguir explicar exatamente como, eu sabia que aquela protagonista cuidava do próprio jardim. Adoro ver pessoas em jardins, gosto da meditação de quem fica sentado sozinho neles, amo todas as metáforas que os envolvem.

O jardim é uma das duas grandes metáforas da humanidade. A outra, claro, é o rio. As metáforas são uma ótima ferramenta de linguagem porque explicam o desconhecido usando o que é conhecido. Mas elas só funcionam se ressoam no coração do escritor. Então senti que precisava de ajuda, pois adorei a metáfora e queria usá-la, mas não gostava de jardinagem.

Eu não tinha ideia de por onde começar, mas sabia que o jardim não surgiu como uma metáfora. Surgiu como o paraíso. Naquela época, assim como agora, o jardim representava a vida, a beleza e a transitoriedade das coisas vivas. Ele diz respeito à criação dos filhos, à alimentação da tribo. Faz parte de um impulso territorial que provavelmente remonta ao armazenamento de alimento por parte dos animais. Essa avidez pelos melhores tomates e rosas inglesas é um mecanismo competitivo de exibição, é como ter um touro premiado, uma maneira de fornecer à sociedade coisas melhores e provar que, além de trabalhar muito, você tem bom gosto e bons valores. E é um grande alívio saber, vez por outra, quem é o inimigo – porque, no jardim, o inimigo é tudo: os insetos, o clima, o tempo. Então você se dedica, cuida bem, vê de perto o nascimento, o crescimento, a beleza, o perigo e o triunfo – e depois tudo morre de qualquer maneira, certo? Mas você segue em frente. Que grande metáfora! Gosto tanto disso! Eu queria muito um jardim no meu livro! Finalmente, me ocorreu ligar para um horto.

Falei com um homem muito simpático a quem expliquei o que eu estava fazendo e perguntei se ele podia me ajudar a conceber um jardim ficcional para uma pessoa que vivia em North Bay e tinha um quintal grande.

Decidimos começar mostrando como seria o jardim no verão, depois ele me ajudaria ao longo dos meses, à medida que as estações fossem mudando.

Ele me perguntou se eu queria árvores frutíferas e, na meia hora seguinte, criamos um jardim cheio de árvores e flores de todos os tipos. Eu disse que havia pensado em uma treliça branca em algum lugar e perguntei que tipos de trepadeira combinariam com aquilo. Ele sugeriu ervilhas. Depois acrescentamos algumas hortaliças e um canteiro de morangos silvestres e meu jardim ficou pronto. Criei o hábito de ligar para ele de vez em quando para verificar algumas coisas. "Como está a macieira?", eu perguntava. "Será que está com frutos ou pelo menos folhas? E o que eu faria para cuidar dos canteiros de flores agora?"

Também comecei a visitar os jardins de outras pessoas e perguntar quais eram as espécies e que cuidados exigiam. Algumas respostas eram tão engraçadas ou brilhantes que eu as roubava. Comprei um livro sobre jardins para estudar flores, árvores e trepadeiras. Juro por Deus que as pessoas que liam meu romance acreditavam que eu adorava jardinagem. De fato, elas às vezes começavam a falar sobre aquele assunto comigo, achando que podíamos conversar como jardineiros, até que eu dizia que estava apenas blefando graças à ajuda de muitas pessoas à minha volta, pessoas que sabiam muito mais sobre jardins do que eu, amigos que me protegiam, como na vida real.

"Você não adora jardinagem?", elas perguntavam, incrédulas. Eu balançava a cabeça e não dizia que adoro flores já colhidas porque aquilo pareceria muito violento e decadente, como a afirmação de Salvador Dalí de que seu animal preferido era um filé de linguado.

Desde então, peço que todo tipo de pessoa me ajude a criar cenários. Peço que descrevam o mundo delas em certas cidades americanas ou vilarejos africanos, o interior de um carro na chuva ou o litoral quando os sem-teto ainda chegavam à cidade de trem. Depois tento imaginar da maneira mais detalhada possível o set cinematográfico para aquela cena. Às vezes consigo ver com mais clareza de olhos fechados. Outras, fixo o olhar a meia distância, como um gato.

FALSOS COMEÇOS

Falei anteriormente sobre o artista que está tentando capturar algo no canto da tela, mas continua descobrindo que aquilo que pintou não é o que tinha em mente. Então torna a cobrir aquele pedaço com tinta branca e, a cada tentativa, chega mais perto da descoberta do que é realmente seu trabalho. Isto aconteceu várias vezes comigo ao escrever. Posso achar que sei quem é certo personagem ou como um texto deve prosseguir e tento seguir aquele projeto na minha cabeça. Depois descubro que eu estava enganada a respeito do personagem. Confundi as aparências com quem ele realmente é. Então passo tinta branca em tudo e tento de novo.

Descobri uma coisa importante sobre falsos começos quando passei a acompanhar, uma vez por mês, alguns membros da minha igreja a clínicas de repouso, onde realizávamos um culto. Depois da primeira lúgubre visita, eu achava que sabia quem eram os pacientes e do que eles eram capazes. Se eu tivesse começado a escrever, teria discorrido sobre eles com confiança – e errado tudo.

Faço essas visitas há quatro anos. Nunca espero ansiosamente por elas, mas sempre volto por motivos que não entendo muito bem. Talvez eu esteja inconscientemente esperando que aquilo me ajude a entrar na Associação de Mulheres algum dia. Ainda assim, no momento em que ponho os pés lá e volto a sentir o cheiro daquele lugar e ver os idosos parados nos corredores como carros abandonados no meio da rua, começo a implorar a Deus que não permita que eu termine meus dias daquela maneira. Mas Deus não é um cozinheiro à la carte e aquelas pessoas um dia tiveram minha idade. Aposto que elas também costumavam implorar a Deus para que não terminassem seus dias daquela maneira.

De início, muitos deles parecem estranhamente semelhantes. Depois você começa a perceber que alguns têm perneiras ou cobertores de lã, ou as unhas das mãos pintadas. Uns têm machucados, outros não; alguns obviamente foram bonitos na juventude, outros não. Há aqueles que parecem saber onde estão, outros se lembram de frases do missal, alguns dormem ou tentam cantar hinos simples e bater palmas no ritmo certo. Mas até os que batem palmas o fazem cada um a seu modo. Alguns batem palmas fracas, quase silenciosas. Uma mulher bate palmas com muita vontade, como se estivesse acompanhando uma polca. Um senhor bate só uma das mãos, como se quisesse matar uma mosca. Minha favorita, uma senhora chamada Anne, como eu, foi alguém que caracterizei no início como uma mulher confusa e frágil que cheirava a urina e talco para bebês e não tinha muita vivacidade. No entanto, ela não é o que eu imaginava. Ainda não sei quem ela é, mas, a esta altura, já sei quem não é.

Ela nunca consegue se lembrar do meu nome e, quando eu o repito a cada mês, ela bate com a mão na testa. Depois nós duas sorrimos. Acho que ela está brincando comigo. Quando cantamos, ela sempre senta com as mãos no colo, as palmas unidas e curvadas, como se houvesse um pássaro lá dentro. Cada vez que bate palmas, ela afasta um pouco as mãos, como se realmente quisesse acompanhar a música, mas, ao mesmo tempo, sem querer que o pássaro vá embora.

Se, após as primeiras visitas, eu tivesse escrito sobre ela e os outros idosos, os cheiros e a confusão teriam dominado minha descrição. Eu teria registrado nossas estranhas conversas – uma mulher certa vez perguntou se Sam era um cachorro, outra está convencida de que fomos colegas de escola – e teria tentado capturar minha sensação de inutilidade. Em vez disso, continuei a ir lá e lutei para dar sentido à triste existência deles. O que finalmente me ajudou foi uma imagem de um monge medieval, o irmão Lawrence, que nos via como árvores no inverno, com pouco a oferecer, sem folhas, cor nem crescimento, mas amados por Deus *de qualquer maneira*. Minha amiga Margaret, que é pastora, trabalha com idosos e compartilhou essa imagem comigo, queria que eu visse que, apesar de não serem mais considerados úteis em nenhum sentido tradicional da palavra, aqueles idosos estavam lá para serem amados incondicionalmente, como árvores no inverno.

Quando você escreve sobre seus personagens, queremos saber tudo sobre suas folhas, suas cores e seu crescimento. Mas também queremos saber quem eles são por baixo da superfície. Se você quiser conhecer seus personagens, terá que ficar ao lado deles por tempo suficiente para enxergar mais do que todas as coisas que eles não são. Talvez você tente obrigá-los a fazer algo porque aquilo é conveniente para a trama, ou talvez queira enquadrá-los para manter a ilusão de controle. Mas, com sorte, eles botarão as asinhas de fora e você finalmente terá de admitir que não são quem você imaginava.

As pessoas que estão perto da morte podem nos dar lições muito diretas. Muitas vezes os atributos que as definem desaparecem – o cabelo, a forma, as habilidades, a inteligência. Então fica claro que a embalagem não representa realmente o que aquela pessoa foi durante toda a vida. Sem a embalagem, outro tipo de beleza transparece. Por exemplo, num passeio para fazer compras dez dias antes de morrer, minha amiga Pammy descobriu que não conseguia mais assinar cheques, virou-se para mim e disse: "Qual é o sentido de viver se você nem consegue mais assinar cheques?" Só consegui dar de ombros e balançar a cabeça. Mas, na verdade, a essência de Pammy não estava nas coisas que ela era capaz de fazer com as mãos. Não tinha nada a ver com isso.

No primeiro aniversário de sua morte, visitei um jardim memorial na clínica de radioterapia onde ela havia sido tratada e descobri que alguém havia plantado um teixo em sua homenagem. Era maior do que eu e parecia que, de uma hora para outra, ia se aproximar e me abraçar. Perto da árvore, havia arbustos altos em flor – algum tipo de papoula, talvez. Mas quase todas as pétalas haviam caído e eu via sobretudo milhares de ramos emaranhados crescendo em direção ao céu. Percebi que na verdade os ramos estavam conectados e continham sementes que floresceriam novamente na primavera.

É assim que a vida real funciona, tanto no nosso cotidiano quanto nas casas de repouso e até mesmo nos leitos de morte. E é isso que a boa escrita nos permite perceber às vezes. Você só pode ver a essência subjacente depois de eliminar o ruído. Então alguma conexão surpreendente aparece.

ARGUMENTO

Meus alunos acreditam que, quando autores consagrados se sentam para escrever, já sabem o que vai acontecer porque delinearam a maior parte da trama – e é por isso que escrevem livros tão bonitos, têm uma vida fácil e alegre, além de uma grande autoestima e noções de confiança e deslumbramento intactas. Bem, não sei de ninguém que se encaixe nessa descrição. Todas as pessoas que conheço se debatem em agonia, reclamam e se desesperam enquanto tentam encontrar uma trama e uma estrutura que funcionem. Seja bem-vindo ao clube.

Por outro lado, é possível descobrir que, em vez de uma trama, você tem um destino temporário, talvez uma cena que visualiza como o clímax. Então escreve com esse propósito, mas, ao chegar lá, ou perto, vê que, por causa de tudo o que aprendeu sobre seus personagens durante o percurso, aquilo não funciona mais. A cena pode ter desencadeado a confiança que fez com que você trabalhasse naquele texto, mas agora não soa verdadeira e não sobrevive na versão final.

Passei por este processo no meu segundo romance, no qual uma imagem me fazia continuar a avançar enquanto eu ia conhecendo as pessoas sobre as quais escrevia. Porém, quando chegou o momento de aquela imagem entrar na história, estava tudo errado. Passei alguns dias quieta e esperei que os personagens me procurassem com suas falas e intenções. Aos poucos, comecei a sentir que sabia como o livro terminaria, como tudo se encaixaria. Àquela altura, eu havia gastado dois anos naquele projeto, enviando cada trecho ao meu editor.

Durante todo o processo, meu editor havia adorado os personagens, o tom e o texto, mas, depois de ler meu segundo esboço do princípio ao fim, me enviou uma carta que começava assim: "Esta talvez seja a carta mais difícil que já tive que escrever." Vi estrelas, como se alguém tivesse me dado um golpe na cabeça. Tudo começou a girar. O editor continuava dizendo que, embora tivesse gostado dos personagens e do que eles tinham a dizer, eu havia criado um belo banquete, mas na verdade não convidara o leitor a se sentar e comer. Portanto, o leitor ficava com fome. E, para misturar metáforas, ele dizia que o livro parecia uma casa sem alicerce, sem pilares, que estava ruindo sem que houvesse como escorá-la. Eu deveria pôr aquele projeto de lado e começar a trabalhar do zero em outro livro.

O problema é que eu já havia gastado a maior parte do adiantamento.

Fiquei profundamente triste e assustada e aquela sensação me acompanhou por toda a semana seguinte. Estava me sentindo humilhada e com muito medo do futuro. Mas liguei para uma pessoa que adorava meu jeito de escrever, que sempre havia me incentivado, e ela me disse para dar um pouco de espaço ao livro, um pouco de luz e ar fresco, para deixá-lo quieto por um mês, que tudo ia ficar bem, embora não soubesse exatamente o que aquilo queria dizer.

Então aluguei um quarto em uma enorme casa antiga à margem do rio Petaluma, onde me recolhi. Era um lugar muito silencioso e bucólico. Ninguém sabia quem eu era. Quase ninguém sabia onde eu estava. Os campos que eu via pelas janelas estavam repletos de vacas, grama e feno. Lambi minhas feridas por umas duas semanas e esperei que minha confiança voltasse. Tentei não tomar nenhuma grande decisão acerca de como salvar o livro ou sobre minha carreira porque de uma coisa eu tinha certeza: se você quer fazer Deus rir, conte a ele seus planos.

Por fim, vi que estava pronta para voltar ao livro. Eu o li do início ao fim de uma só vez e adorei. Achei maravilhoso. Uma grande confusão, é verdade, mas uma confusão maravilhosa.

Liguei para meu editor e disse que sabia o que estava fazendo e que lhe provaria isso. Ele ficou realmente feliz.

Havia uma enorme sala vazia na casa onde eu estava morando e, uma manhã, levei para lá as trezentas páginas do manuscrito e comecei a espalhá-las no chão, por partes. Colocava uma cena de duas páginas aqui, uma passagem de dez páginas ali. Criei um circuito com aquelas páginas, do início até o fim, como uma fila horizontal de dominós ou um caminho de pedras em um jardim. Havia partes no início que claramente deveriam estar no meio; havia cenas nas últimas cinquenta páginas que ficariam maravilhosas no início e havia cenas e momentos espalhados por todo o livro que podiam ser reunidos e reescritos para formar uma ótima introdução para os dois protagonistas. Percorri aquele caminho de um lado para outro, deslocando montinhos de papel, acrescentando trechos e anotações sobre como moldar, reduzir ou estender cada trecho da maneira necessária. Percebi as partes em que havia coisas faltando – transições, informações vitais para que os acontecimentos fizessem sentido – e depois, em folhas de papel em branco, fui escrevendo o que era necessário e colocando cada página sobre a pilha adequada. Aquela página abria espaço para talvez uma cena inteira, da mesma maneira que, após uma perda, um grande amigo abre espaço para que você enfrente sua dor ou se restabeleça. Escrevendo bilhetes em vários trechos para indicar que havia algo em risco ali, segui em frente e deixei que coisas ruins acontecessem com aqueles personagens que eu havia protegido. Encontrei pontos nos quais eu podia pressioná-los, incitá-los, carregá-los para que a catástrofe se tornasse inevitável. Depois punha a catástrofe no papel. Em seguida, quando me senti segura, empilhei todas as páginas na nova ordem e comecei a escrever um terceiro esboço.

Eu o escrevi passando de uma pequena tarefa a outra, tornando cada trecho, por menor que fosse ou por menos importante que parecesse, o melhor possível. Eliminei parágrafos inteiros que eu adorava e que havia encaixado no livro porque o texto ou o humor haviam me agradado. Trabalhei no romance mais oito ou nove meses e mandei a primeira parte, que meu editor achou incrível, e depois o segundo trecho, que ele adorou. Concluí a terceira parte mais ou menos na mesma época em que rompi com um homem com o qual eu estava envolvida havia algum tempo. Tive uma ideia: enviaria a terceira parte, pegaria emprestado dinheiro para ir a Nova York, passaria uma semana lá fazendo ajustes no livro com o editor e, ao mesmo tempo, me afastaria daquele homem. Além disso, eu podia receber a última parte do adiantamento que a editora me devia e fazer compras em Nova York.

Escrevi para meu editor dizendo que estava a caminho. Ele não me disse que não fosse. Pedi ao homem com o qual eu estava terminando que tirasse suas coisas da minha casa. Peguei mil dólares emprestados com minha tia, prometendo que devolveria o dinheiro no fim do mês. E fui para Nova York.

Na minha primeira manhã por lá, pus meu vestido de escritora, sapatos de salto alto e fui encontrar o editor. Imaginei que fôssemos começar a editar o livro juntos naquela mesma manhã e que, em seguida, ele me daria o resto do adiantamento. Assim, ficaria claro que eu havia me recuperado daquele revés devastador e que a verdade e a beleza haviam mais uma vez triunfado. Todo mundo ficaria chocado ao saber que aquele livro quase fora descartado. Mas meu editor disse:

– Sinto muito.

Olhei para ele com uma expressão confusa.

– Sinto muito mesmo – prosseguiu ele. – Mas ainda não está funcionando.

Ele não entendia por que certas coisas aconteciam de determinada maneira e, acima de tudo, não sabia por que havia tão pouca ação. Fiquei lá parada, olhando para ele como se seu rosto estivesse derretendo.

– Sinto muito – repetiu e, por um instante, fiquei atordoada demais para chorar.

Eu ficava tocando minha testa como se verificasse se meu cabelo estava no lugar. Depois comecei a chorar e disse que tinha que ir embora imediatamente. Ele pediu que eu ligasse no dia seguinte. Falei que ligaria, embora eu não esperasse estar viva até lá.

Eu ainda bebia naquela época. Fui para a casa de velhos amigos da família onde estava hospedada, tomei uma dúzia de drinques com eles e, em seguida, peguei um táxi para encontrar outros amigos. Tomei mais algumas centenas de drinques e cheirei um pouquinho de cocaína – na verdade, a certa altura comecei a parecer um tamanduá. Depois fui para uma loja de bebidas, comprei uma garrafa pequena de uísque irlandês, voltei para a casa onde me hospedava e tomei vários tragos de Bushmilla pelo gargalo até desmaiar.

Eu estava um pouco deprimida quando acordei. Olhei para o manuscrito na minha mala, pensei em todas aquelas pessoas lindas, hilárias e contundentes com as quais eu estava trabalhando havia quase três anos e, de repente, fiquei com raiva. Liguei para a casa do meu editor. Ele não ia trabalhar naquele dia. Também estava um pouco deprimido.

– Estou indo para aí – disparei.

Ele ficou em silêncio por um instante, mas em seguida disse:

– Tudo bem. – Sua voz tinha um tom de incerteza, como se quisesse perguntar: "Você vai trazer uma faca?"

Desci e peguei um táxi até o seu apartamento.

Ele abriu a porta e tentou fazer com que eu me sentasse, mas eu estava louca, decepcionada, furiosa, arrasada, humilhada e chocada demais. Estava segurando o manuscrito contra o peito como se fosse um bebê. Em certos trechos, amigos que o haviam lido gargalharam ou me ligaram aos prantos. Havia material muito divertido ali, algumas coisas importantes sobre as quais ninguém estava escrevendo. Eu tinha certeza disso. Mais ou menos. Comecei a caminhar na sala de estar como uma advogada apresentando sua argumentação ao júri, explicando vários aspectos do livro. Alguns, para não ficar óbvio demais, eu havia esquecido totalmente de incluir no texto. Preenchi várias lacunas, descrevendo aspectos que existiam entre os personagens e que eu achava que estavam claros. Eu estava delirando – 28 anos de idade, com uma tremenda ressaca, achando que estava prestes a morrer –, mas contei a meu editor quem eram aquelas pessoas e que história era aquela. Esbocei os pilares daquelas vidas e disse em voz alta como eu poderia resolver os maiores problemas da trama e do tema, como eu poderia simplificar algumas coisas e aprofundar outras. Eu não estava pensando no que dizia. As palavras simplesmente saíam da minha boca e, quando acabei, ele me olhou e disse:

– Obrigado.

Ficamos sentados lado a lado no sofá por um tempo, em silêncio. Por fim, ele disse:

– Ouça, quero que você escreva o livro que acabou de apresentar para mim. Vá para algum lugar e escreva um argumento para a trama. Conte, capítulo por capítulo, o que você acabou de me dizer na última meia hora e lhe darei o resto do adiantamento.

Foi o que fiz. Combinei passar um mês na casa de amigos em Cambridge. Lá, eu me sentava todo dia e escrevia de quinhentas a mil palavras narrando o que acontecia em cada capítulo. Descrevia as revelações dos personagens, onde estiveram, o que estavam fazendo e por quê. Às vezes, fazia citações do próprio manuscrito, usando alguns dos melhores trechos para incutir confiança tanto em mim quanto no meu editor, e descobria muitas vezes o ponto A, no qual o capítulo começava, e o ponto B, no qual terminava, e o que precisava acontecer para levar meus personagens de A a B. Depois via como o ponto B do último capítulo levaria organicamente até o ponto A do seguinte. O livro prosseguia como o alfabeto, como um sonho vívido e contínuo. O argumento tinha quarenta páginas. Eu o enviei de Cambridge e voltei para casa.

Funcionou. Meu editor me deu o resto do adiantamento, que usei para pagar minha tia e ganhar tempo para escrever a versão final. Daquela vez, eu tinha certeza do que estava fazendo. Eu tinha uma receita. O livro foi lançado no outono seguinte e é meu romance de maior sucesso.

Sempre que conto essa história a meus alunos, eles querem ver o manuscrito do argumento. Quando o levo para a sala de aula, eles o examinam como se fosse a pedra de Roseta. O papel ficou enrugado com o tempo. Há anotações, manchas, círculos deixados por xícaras de café e taças de vinho tinto.

COMO VOCÊ SABE QUE TERMINOU?

Essa é uma pergunta que meus alunos sempre fazem. Não tenho uma boa resposta. Você simplesmente sabe. Acho que eles pensam que, ao terminar um livro, um autor que tem seus trabalhos publicados põe o último ponto final, se afasta da escrivaninha, boceja, se espreguiça e sorri. Não conheço ninguém que tenha feito isto nenhuma vez sequer. O que realmente acontece é que você já leu, ajustou, podou e reescreveu muitas vezes o mesmo texto e a pessoa que lê seu original já deu muitas sugestões boas, a maioria das quais você aceitou – então, finalmente, algo dentro de você diz que está na hora de passar para outra coisa. É claro que sempre há mais alguma coisa que você pode fazer, mas lembre-se de que o perfeccionismo é a voz do opressor.

As pessoas em recuperação usam a seguinte imagem: controlar todos os vícios é como pôr um polvo na cama. Acho que isso descreve perfeitamente o processo de resolução de todos os problemas na sua versão final. Você pôs vários tentáculos do polvo bem arrumadinhos debaixo das cobertas – criou uma trama, resolveu o conflito entre os dois protagonistas, acertou o tom –, mas dois tentáculos continuam a se debater. Talvez o diálogo da primeira parte do livro não combine com o da segunda ou um personagem pareça unidimensional. Por fim, você também consegue pôr aqueles tentáculos embaixo das cobertas e está prestes a apagar as luzes quando outro longo tentáculo se solta.

Isto provavelmente acontecerá enquanto você estiver sentado na frente da escrivaninha, esfregando o rosto, sentindo-se esgotado. Então, apesar de saber que seu manuscrito não é perfeito e embora você esperasse muito mais, sente que não tem mais forças e que aquilo é o melhor que pode fazer naquele momento. Bem, acho que isso significa que você terminou.

PARTE DOIS

A mentalidade certa para escrever

OLHAR À SUA VOLTA

Escrever é aprender a prestar atenção e comunicar o que está acontecendo. A escrita envolve a capacidade de ver o sofrimento das pessoas e, como Robert Stone disse uma vez, encontrar sentido naquilo. Mas isso não é possível se você não for respeitoso. Se olhar para as pessoas e enxergar apenas roupas deselegantes ou trajes ricos, vai entender tudo errado.

O escritor é uma pessoa que fica afastada, fazendo suas anotações. Você está de fora, mas pode ver as coisas de perto através de seus binóculos. Sua tarefa é apresentar com clareza seu ponto de vista, sua linha de visão. É enxergar as pessoas como elas realmente são. E, para fazer isso, precisa saber, da maneira mais compassiva possível, quem você é. Então poderá reconhecer os outros. É simples na teoria, mas na prática não é tão fácil assim. Há 20 anos, meu tio Ben me escreveu uma carta que dizia: "Às vezes você esbarra em alguém e, a despeito da idade ou do sexo, tem certeza absoluta de que aquela pessoa é uma parte independente do todo que acontece continuamente dentro de você. Pronto: você reconhece aquela pessoa." É disso que estou falando: você quer que os leitores reconheçam os personagens. Mas provavelmente não será capaz de fazer com que isso aconteça se não tiver primeiro compaixão por si mesmo.

É relativamente fácil olhar com ternura e reconhecimento para uma criança, sobretudo se for seu filho e se ele estiver sendo meigo ou engraçadinho, mesmo que o esteja magoando. E é relativamente fácil olhar com ternura para um esquilo, por exemplo, e até enxergá-lo com clareza, ver a vida real aos seus pés ou naquele galho baixo, reconhecer que aquele animal tem vida própria, ouvir seu trinado agudo e se deixar encantar por sua fofura. Não quero parecer esotérica demais, mas, nesses momentos, você percebe que tem algo em comum com o esquilo, que vocês fazem parte de um todo. Acho que perceberíamos isso com mais frequência se não tivéssemos uma mente consciente. A mente consciente parece bloquear esse sentimento de unidade para que possamos funcionar de forma eficiente, nos mover um pouco melhor pelo mundo, pagar os impostos em dia. Mas é possível ter essa sensação até quando você vê – realmente vê – um policial, quando olha diretamente para ele e percebe que aquela pessoa está viva e que, como todas as outras, está sofrendo muito. Você não o vê por trás de uma projeção de todas as imagens de violência, caos e perigo que os policiais evocam. Em vez disso, o aceita como um semelhante.

Obviamente, é muito mais difícil olhar para si mesmo com essa compaixão. A prática ajuda. Assim como acontece com os exercícios físicos, você pode ficar dolorido no início, mas vai melhorar um pouco a cada dia. Estou aprendendo lentamente a trazer minha mente frenética de volta ao lugar de distanciamento amistoso em relação a mim mesma para poder olhar para o mundo e ver tudo com respeito. Tente olhar para a sua mente como um cachorrinho desobediente que você está tentando adestrar. Você não chuta o filhote para o quintal do vizinho toda vez que ele faz xixi no lugar errado. Simplesmente o leva de novo até o jornal que está no chão. Então, estou tentando conduzir minha mente com gentileza de volta ao que deve ser visto – talvez essas coisas até devam ser vistas com uma certa reverência. Se eu não aprender a fazer isso, acho que vou continuar a entender tudo de forma errada.

Sinceramente, acho que para ser um escritor você precisa aprender a ser reverente. Senão, por que você está escrevendo? Por que está aqui?

Vamos pensar na reverência como perplexidade, presença e abertura para o mundo. A alternativa é embrutecer, se fechar. Pense nas vezes em que um texto em prosa ou poesia fez com que você tivesse a fugaz sensação de *espanto* por causa de sua beleza ou perspicácia, por ter lhe possibilitado vislumbrar a alma de alguém. De repente, tudo parece se encaixar, ou pelo menos ter um significado momentâneo. Acho que este é nosso objetivo como escritores: ajudar os outros a ter essa sensação de deslumbramento, uma nova visão das coisas que podem nos pegar de surpresa, que invadem nosso mundo pequeno e isolado. Quando isso acontece, tudo parece mais espaçoso. Tente passear com uma criança que fica dizendo: "Uau! Olha aquele cachorro sujo! Olha aquela casa incendiada! Olha aquele céu vermelho!" A criança aponta e você olha, enxerga e começa a dizer: "Uau! Olha aquele jardim grande e maluco! Olha aquele bebezinho tão pequenininho! Olha aquela nuvem escura e assustadora!"

Acho que é assim que deveríamos viver no mundo – presentes e perplexos. Colado na parede na frente da minha escrivaninha há um poema maravilhoso de um místico persa, Rumi:

A alegria de Deus se move de uma caixa anônima para outra,
de uma célula para outra. Como água da chuva caindo no
canteiro de flores.
Como rosas nascendo do chão.
Ora parece um prato de arroz e peixe,
ora um penhasco coberto de vinhas,
ora um cavalo sendo selado.
Esconde-se dentro dessas coisas
até que um dia ela as abre.

Há êxtase no fato de prestar atenção. Podemos alcançar uma espécie de abertura para o mundo na qual vemos em tudo a essência do sagrado, um sinal de que Deus está implícito em toda a criação. Ou talvez você não esteja disposto a ver o mundo de forma sacramental, a ver tudo como um sinal exterior e visível da graça interior e invisível. Isso não significa que você é um filisteu sem valor. Qualquer pessoa que desejar pode ser surpreendida pela beleza ou pela dor do mundo natural, da mente e do coração dos homens, e pode tentar capturar simplesmente isto: os detalhes, as nuances, a essência. Se você começar a olhar à sua volta, passará a ver. Quando o que vemos nos pega desprevenidos e quando escrevemos da forma mais realista e aberta possível, aquela visão nos dá esperança. Você olha ao redor e diz: "Uau! Lá está aquele mesmo pássaro; lá está aquela mulher de chapéu vermelho novamente." A mulher denota esperança porque, embora esteja cheia de problemas, todo dia põe aquele chapéu vermelho maluco e vai para a cidade. Uma dessas imagens pode aparecer embaçada no quadrante inferior direito daquela foto imaginária que você tirou com a polaroide; de início, você nem sabia que aquilo fazia parte do panorama, mas, de repente, aquele detalhe evoca algo muito profundo que você não consegue identificar com precisão. Eis um trecho de um poema de Gary Snyder:

Marolas na superfície da água –
eram salmões prateados passando ali embaixo – diferentes
das marolas causadas por brisas.

Essas poucas palavras, menos de vinte, tornam as marolas claras e brilhantes, distintas. Tenho uma gravação de uma freira tibetana cantando repetidamente um mantra de compaixão por uma hora, oito palavras repetidas, e cada verso parece diferente, sentido e vivenciado à medida que ela canta. Você nunca tem a sensação de que ela está olhando para o relógio e pensando: "Meu Deus, só passaram quinze minutos." Quarenta e cinco minutos mais tarde, ela ainda está cantando cada verso de maneira distinta, palavra por palavra, entoando até a última sílaba.

Em sua maioria, as coisas não são assim, tão simples e puras, com tanta atenção dedicada a cada sílaba da vida à medida que a própria vida vai entoando a si mesma. Mas esse tipo de atenção é o prêmio. Ficar absorvidos por algo fora de nós mesmos é um poderoso antídoto para a mente racional, a mente que muitas vezes vê as coisas de uma maneira narcisista, estreita e obscura, sem oferecer esperança a ninguém.

O PONTO DE VISTA MORAL

Se você começa várias histórias e nunca se dá o trabalho de terminá-las, perdendo interesse ou confiança ao longo do caminho, talvez não haja nada no cerne delas que suscite sua paixão. É preciso colocar no centro dessas histórias você mesmo e as coisas que acredita serem verdadeiras ou certas. Os conceitos éticos fundamentais em que você crê com mais paixão são a linguagem que usa para escrever.

Esses conceitos provavelmente parecem fatos, coisas que ninguém jamais teve que imaginar, que sempre foram verdadeiras em todas as culturas, em todos os tempos. Contar essas verdades é a sua tarefa. Você não tem nada mais a nos contar. Porém, nem preciso dizer que não é possível contá-las em uma sentença ou um parágrafo; a verdade não cabe em frases de para-choque. Talvez haja um fugaz momento de perspicácia em uma frase, em um slogan, mas a verdade cotidiana está além da nossa capacidade de captá-la em algumas palavras. Todo o seu texto, e não apenas um brilhante momento epigramático, é a verdade. Para transmiti-la, serão necessárias camadas e alguma espécie de desenvolvimento. Estamos lidando com o inefável – estamos em algum lugar entre o conhecido e o desconhecido, tentando fisgar os dois para olhá-los de perto. É por isso que talvez precisemos de um livro inteiro.

Não estou sugerindo que você quer ser um escritor que conta uma história a fim de ensinar uma moral ou transmitir uma mensagem. Como Samuel Goldwyn disse, se você tem uma mensagem, envie um telegrama. Mas precisamos comunicar certas coisas, pois nos sentimos moralmente seguros em relação a elas, temos certeza de que estamos com a razão, apesar de sabermos que, muitas vezes, nos enganamos. Por exemplo, eu costumava pensar que pares de coisas opostas eram um fato: amor era o oposto de ódio, certo era o oposto de errado. Mas agora acho que às vezes aceitamos esses conceitos porque é muito mais fácil adotar ideias absolutas do que encarar a realidade. Acho que não há oposto para amor. A realidade é implacavelmente complexa.

Ao começar a escrever, se você for parecido comigo, talvez queira encher a página com observações espirituosas e sacadas brilhantes para que o mundo veja como você é inteligente e sensível. Com o passar do tempo, à medida que você começa a escrever um pouco todo dia, o que aparentemente acontece de maneira quase orgânica é que você acaba querendo que seus personagens interpretem o drama da humanidade. Boa parte desse drama não envolve observações espirituosas nem sacadas brilhantes. No entanto, esse drama é expresso em termos morais; o objetivo da maior parte dos bons textos parece ser revelar, sob uma luz ética, quem somos. Meu momento favorito no filme *Destino traído*, estrelado por Jeanne Moreau, acontece em uma cozinha, quando ela proclama que todo ser humano tem algum motivo para chorar. Quando a dona da casa zomba dela e a pressiona para que diga que motivo temos para chorar, ela joga para trás sua cabeleira ruiva e responde: "Os ventos da solidão soprando à beira do infinito." Como nós, enquanto indivíduos e comunidades, lidamos com esse vento soprando atrás de nós? Somos bem-comportados, nos esforçando para ser dignos e compassivos, ou é cada um por si?

À medida que vamos vivendo, começamos a descobrir o que nos ajuda e o que nos magoa na vida e nossos personagens interpretam tudo isso de maneira dramática. Isso é material moral. A palavra *moral* já foi associada a muitas coisas ruins: fundamentalismo, pregadores obstinados, pedantismo. Temos que ir além de tudo isso. Ao orientarem sua escrita, suas crenças mais profundas não apenas evitarão que seu trabalho seja artificial, mas também o ajudarão a descobrir o que guia seus personagens. Talvez você encontre algumas pessoas realmente boas por trás das aparências e das poses – pessoas que nós, seus leitores, apreciaremos de verdade, cuja companhia será um prazer. Gostamos de certos personagens porque eles são bons ou decentes: internalizam uma certa decência do mundo que os torna capazes de assumir um risco ou fazer um sacrifício por outra pessoa. Eles nos permitem ver que, de fato, há uma espécie de bússola moral que ainda funciona e que, se quisermos, também podemos nos orientar por ela.

Na boa ficção, ficamos com um olho no herói ou nos defensores do bem e o outro olho, fascinado, nos vilões, que podem ser bem mais interessantes. A trama leva todas essas pessoas (e nós também) a matas escuras nas quais encontramos, contra todas as probabilidades, uma mulher ou um homem com a bússola que ainda aponta para o verdadeiro norte. Esse é o milagre – e é assombroso. Esse raio de luz, às vezes apenas uma centelha, ao mesmo tempo define e confronta a escuridão.

Tome como modelo a peça moral medieval. Adoramos ouvir que o bem triunfará sobre o mal, que o prêmio frágil – a humanidade, a vida – será salvo. Na ficção que segue uma fórmula, o mal leva a melhor até quase o fim, então, por mais improvável que seja, o bem prevalece e o herói pode beijar a moça de seios fartos. Hoje em dia, a vida é bem mais complicada do que era na Idade Média, mas, sob vários aspectos, continua a mesma: violenta, aterrorizante, cheia de caos e pestes, assassinos e ladrões. Portanto, é muito recompensador saber que, dentro de nós, ainda há uma parte boa que não foi corrompida e destruída, que pode ser resgatada e usada. Quando um personagem mais ou menos comum, uma pessoa ao mesmo tempo gentil e interesseira, descobre dentro de si esse lugar no qual ainda existe coragem e bondade, vemos algo verdadeiro pelo qual ansiamos. É isso que ajuda o leitor a estabelecer uma ligação com seus personagens e com seu livro. É isso que faz com que recomendemos uma obra aos amigos e que nos lembremos dela pelo resto da vida.

Mas você precisa acreditar na sua posição ou não haverá nada guiando seu trabalho. Se você não acredita no que está dizendo, não há por que dizê-lo. Melhor largar tudo e ir jogar boliche. No entanto, se você se importa de verdade com alguma coisa – se, por exemplo, é conservador no bom sentido da palavra, se está tentando conservar a paisagem e o mundo natural –, essa crença fará com que você continue se esforçando para terminar seu trabalho.

Para ser um bom escritor, não basta apenas escrever muito, você também deve se importar com as coisas. Não é preciso ter uma filosofia moral complicada. Mas, na minha opinião, um escritor sempre tenta ser parte da solução, entender um pouco a respeito da vida e transmitir esse entendimento. Mesmo uma pessoa soturna e pouco sentimental como Samuel Beckett – com seus lunáticos em latas de lixo ou enterrados na areia até o pescoço, cuja vida consiste em vasculhar o conteúdo da bolsa e ficar maravilhado com cada item – nos mostra o que é verdadeiro e útil. Ele acerta ao dizer que nascemos montados no túmulo e que este planeta pode ser tão frio e inabitável quanto a Lua – e sabe como fazer isso parecer engraçado. Ele nos dá um sorriso oblíquo e particular, o sorriso mais delicioso de todos, e isso muda nossa maneira de olhar a vida. De repente, algumas pequenas coisas parecem claras, coisas às quais podemos nos agarrar, e assim nos sentimos parte da solução. (Mas talvez tenhamos com a palavra *solução* o mesmo problema que temos com a palavra *moral*. Ela está muito ligada à ideia de conserto e talvez nós não tenhamos conserto. Talvez tudo o que podemos fazer seja preencher o tempo que nos resta aqui com gentileza e bom humor.)

Ou olhe para o 14º Dalai-Lama, que, na minha opinião, é atualmente a pessoa mais sã do planeta. Ele simplesmente diz: "Minha verdadeira religião é a bondade." Esta é uma grande posição moral – praticar a bondade, manter o coração aberto diante do sofrimento. Infelizmente, isso não rende boa literatura. Você vai precisar florear um pouco. Senão terá um livro com uma só frase e os agentes literários vão achar que você não é uma grande promessa.

PORTANTO, UMA POSIÇÃO moral não é uma mensagem, e sim uma preocupação passional dentro de você. Hoje em dia estamos todos em perigo e temos novos problemas a enfrentar, por isso não faz sentido reunir uma plateia e pedir atenção a menos que você tenha algo importante e construtivo a dizer. Meu amigo Carpenter diz que não precisamos mais que nos digam que o céu está desabando, porque ele já desabou. A questão agora é como cuidar uns dos outros. Algumas pessoas estão interessadas em qualquer esclarecimento que você puder dar a respeito disso. Para alguns de nós, bons livros e um texto bonito são o consolo supremo, algo mais reconfortante do que boa comida. Então escreva sobre as coisas que são mais importantes para você. Amor, morte, sexo e sobrevivência são importantes para a maioria de nós. Há também quem se interesse por Deus e por ecologia.

Talvez, mais do que qualquer outra coisa, você goste de jejuar e fazer lavagens estomacais. Nesse caso, não queremos que escreva sobre isso.

Em vez disso, escreva sobre liberdade – aquela pela qual vale a pena lutar. Os direitos humanos começam com seus personagens e se estendem até eles, por piores que eles sejam. Você precisa respeitar as qualidades que os tornam o que são. Uma posição moral não é um slogan nem um desejo ilusório. Não vem de fora nem de cima. É algo que surge dentro do coração de um personagem e cresce a partir dali. Conte a verdade, escreva sobre a liberdade e lute por ela da maneira que puder. Assim você obterá uma grande recompensa. Segundo Molly Irving, aqueles que lutam pela liberdade nem sempre vencem, mas sempre têm razão.

BRÓCOLIS

Há um antigo esquete cômico de Mel Brooks no qual um psiquiatra diz a um paciente: "Ouça seus brócolis e eles lhe dirão como comê-los." Quando digo isso a meus alunos pela primeira vez, eles me olham como se as coisas tivessem claramente começado a se deteriorar. Mas esse conceito é tão importante na arte de escrever quanto na vida real.

Obviamente, o que ele quer dizer é que, quando você não sabe o que fazer, quando não sabe como seu personagem agiria, deve ficar em silêncio e tentar ouvir aquela vozinha interior. Ela lhe dirá o que fazer. O problema é que muitos de nós perderam o acesso aos próprios brócolis ainda na infância. Quando éramos crianças e ouvíamos nossa intuição e depois dizíamos aos adultos o que acreditávamos ser verdade, normalmente éramos corrigidos, ridicularizados ou punidos. Você não podia ter suas próprias opiniões ou percepções – era melhor que tivesse piolhos. Se você perguntasse inocentemente "Por que a mamãe está chorando no banheiro?", talvez a resposta fosse: "Mamãe não está chorando, está com alergia." Ou se você dissesse "Por que o papai não voltou para casa ontem à noite?", talvez alguém respondesse em tom alegre: "O papai voltou ontem à noite, mas saiu muito cedo hoje." E você assentia, embora soubesse que aquilo era mentira, afinal era importante ficar de bem com os adultos. Não havia mais ninguém para cuidar de você e, se os questionasse com muita insistência, provavelmente seria mandado para o quarto sem jantar ou passaria o resto do dia de castigo. Portanto, talvez você tenha se habituado a duvidar da voz que dizia claramente o que estava acontecendo. É essencial que você pare de fazer isso.

Você precisa dos seus brócolis para escrever bem. Senão vai se sentar de manhã e só terá sua mente racional para guiá-lo. E, se estiver vivendo um dia ruim, vai acabar desistindo e talvez até se levantando, o que é pior, pois sabe que, se continuar sentado ali por tempo suficiente, acabará se surpreendendo de alguma forma. Digamos que sejam apenas nove e quinze. Se você persistir, talvez surja uma imagem ou situação que abra a porta para um personagem. Então é só você sair do caminho, assim o personagem pode se aproximar, falar e talvez dizer algo importante, talvez até o que é mais importante para ele – e, de repente, sua trama pode começar a se revelar. Talvez você veja como levar aquela pessoa do bem para o mal e depois trazê-la de volta. Mas, em vez disso, você desiste naquele dia, se sente derrotado, abalado e sem esperança, e o dia seguinte será ainda mais difícil de encarar porque hoje você desistiu apenas 15 minutos depois de ter se sentado para trabalhar. Você se lembra da cena de *Dívida de sangue* em que Lee Marvin, muito bêbado, começa a delirar, se sente triunfante, grita, chora porque se sente derrotado e, finalmente, desmaia? Um dos homens que o está observando diz, atônito: "Nunca vi um homem chegar ao final de um dia tão rápido." Não deixe que isso aconteça com você.

Você recupera a firmeza e a intuição confiando em si mesmo, militando pela sua própria causa. É preciso que confie em si mesmo, especialmente quando escreve um primeiro esboço, no qual, entre a ansiedade e o autoquestionamento, deve haver uma noção real da sua imaginação e das suas lembranças perambulando e sonhando acordadas, vagueando pelas colinas, farreando por toda parte. Confie nelas. Não olhe para os pés a fim de ver se eles estão se saindo bem. Simplesmente dance.

Você recupera a intuição quando abre espaço para ela, quando interrompe a mente consciente. A mente racional não o alimenta. Você acredita que ela lhe dá a verdade porque a mente racional é o bezerro de ouro que esta cultura venera, mas isso não é verdade. A racionalidade elimina muita coisa rica, substancial e fascinante.

Às vezes, por ser um pouco tímida, a intuição precisa ser bajulada. Mas, se você não pressioná-la demais, ela muitas vezes surge da alma ou do inconsciente e se torna uma pequena chama vacilante. Ela será apagada por compulsão e atenção frenética em excesso, mas arderá silenciosamente quando for observada com concentração suave.

Tente se acalmar, fique em silêncio, respire e ouça. Aperte os olhos para ver a tela que está na sua cabeça e, se você olhar bem, encontrará o que está procurando, os detalhes da história, sua direção – talvez não imediatamente, mas depois de certo tempo. Se você parar de tentar controlar tanto sua mente, terá palpites intuitivos sobre um ou outro personagem. É difícil parar de controlar, mas é possível. Se seu personagem saca do bolso uma cenoura comida pela metade, tudo bem. Depois você pode perguntar a si mesmo se aquilo soa verdadeiro. Treine-se para ouvir aquela voz interior. A intuição da maioria das pessoas é afogada por ditados populares. Num dado momento, temos um sentimento ou um estalo verdadeiro e, depois, pensamos em um ditado popular que captura aquela ideia e a dilui. A intuição pode ser real e madura, cheia de possibilidades, mas o ditado popular certamente será um clichê, sem graça e acanhado.

Admita que o que você está pensando e sentindo é valioso e, em seguida, seja suficientemente ingênuo para pôr tudo no papel. Mas tome cuidado: se sua intuição diz que sua história é uma droga, certifique-se de que quem está falando é realmente sua intuição, e não sua mãe. "Vejo este personagem num terno de gabardine roxa", você pensa de repente. Logo depois, a voz da mãe preocupada diz: "Não, faça-o usar alguma coisa respeitável." Mas, se você lhe der ouvidos, logo estará dormindo, assim como seu leitor. Sua intuição deixará tudo mais selvagem e natural; talvez ela mostre a você o que realmente pularia de trás daquelas árvores lá no fundo. Você nem sempre vai ouvir uma voz clara e ofegante: "Aha! Terno de gabardine roxa!" Na maioria das vezes ouvirá um murmúrio. Pode parecer uma das muitas vozes distintas que formam o som de um riacho. Ou pode vir em código, oblíqua e fugidia, esgueirando-se ao virar a esquina. Se você jogar luz demais, talvez ela recue e desapareça.

Acho que um passo importante para aprender a confiar na sua intuição é encontrar uma boa metáfora para ela. A dos brócolis é tão ridícula que funciona para mim. Um amigo diz que a intuição é seu animal. "Meu animal acha isso. Meu animal odeia aquilo", diz ele. Seja qual for a metáfora que você criar, ela precisa dizer respeito a uma voz que você não está tentando controlar. Se você está perdido na floresta, deixe que o cavalo encontre o caminho de volta para casa. *Você* precisa parar de guiar porque só vai atrapalhar.

Escrever é se hipnotizar para acreditar em si mesmo, fazer parte do trabalho e, em seguida, romper a hipnose e analisar o material friamente. Haverá muitos erros, muitas coisas a serem eliminadas e outras que precisarão ser inseridas. Você nem sempre vai tomar a decisão certa. Minha amiga Terry diz que, quando for preciso tomar uma decisão, tanto no trabalho quanto em outros aspectos da vida, e você não souber o que fazer, deve apenas fazer alguma coisa, porque o pior que pode acontecer é você cometer um erro terrível. Então deixe que a trama vá para a direita e não para a esquerda num determinado momento, ou deixe sua personagem voltar para seu detestável marido.

Talvez tenha sido a decisão certa, talvez não. Se não tiver sido, volte e tente outra coisa. Alguns de nós tendem a pensar que aquilo que fazemos, dizemos, decidimos e escrevemos tem uma importância cósmica. Mas isso não é verdade. Se você não sabe que caminho seguir, mantenha a simplicidade. Ouça seus brócolis. Talvez eles saibam o que fazer. Depois, se você trabalhou de boa-fé por algumas horas e não conseguiu ouvi-los hoje, vá almoçar.

ESTAÇÃO DE RÁDIO QMRD

Preciso falar da estação de rádio QMRD (ou Que Merda). Talvez esse seja o maior obstáculo para que os escritores ouçam seus brócolis. Depois, prometo nunca mais mencioná-la.

Se você não tomar cuidado, a estação QMRD vai tocar na sua cabeça 24 horas por dia, sem parar, em estéreo. Dentro de seu ouvido, o alto-falante da direita vai emitir um fluxo infinito de autoelogios, a recitação de como você é especial, de como você é mais aberto, dotado, brilhante, sábio, incompreendido e humilde do que os outros. Do alto-falante da esquerda sairão os raps de autodepreciação, as listas de todas as coisas que você não faz bem, de todos os erros que cometeu hoje e ao longo da vida, a dúvida, a confirmação de que tudo o que você toca se transforma em lixo, de que não sabe se relacionar, de que é, sob todos os aspectos, uma fraude, incapaz de amar com abnegação, de que não tem talento nem perspicácia e assim por diante, infinitamente. Daria na mesma ouvir heavy metal nos fones enquanto está tentando trabalhar. Você precisa silenciar sua cabeça para poder ouvir os personagens e deixá-los guiar sua história.

A melhor maneira de ficar em silêncio, além da combinação de muita terapia, Prozac e lobotomia, é, antes de mais nada, perceber que a estação está sintonizada. A QMRD toca toda manhã quando me sento em frente à escrivaninha. Então fico parada um instante e faço uma pequena prece: "Por favor, me ajude a sair do caminho para que eu possa escrever o que quer ser escrito." Às vezes o ritual acaba com o falatório. Tente. Várias coisas podem funcionar para você – por exemplo, um altar ou velas, incenso de sálvia, música, meditação, etc. Os rituais são um bom sinal para dizer ao seu inconsciente que está na hora de entrar em ação.

Talvez você deva tentar técnicas de respiração. Isso não é algo que eu me lembre de fazer com muita frequência e geralmente não gosto de ficar perto de pessoas que falam sobre respiração lenta e consciente, porque fico com medo de que uma longa discussão sobre aromaterapia comece em seguida. Mas essas pessoas que respiram de forma lenta e consciente talvez tenham razão, porque, ao tentar acompanhar sua respiração por algum tempo, você ficará relativamente em silêncio.

Continuando: você se senta para trabalhar às nove da manhã, faz sua prece, acende sua vela ou seja lá o que for, depois respira por um momento e tenta se concentrar em onde estão seus personagens, mas acaba descobrindo que sua mente começou a viajar um pouco. Geralmente, vai se pegar pensando num escritor terrível que conhece, tentando entender por que ele está tendo muito mais sucesso do que você. Logo estará imaginando como deve ser ir ao programa do David Letterman, se ele vai zombar de você ou rir de todas as suas piadas e deixar que você se torne seu novo amigo; o que você deve comer no almoço; como seria se seus cabelos pegassem fogo ou se uma pessoa – talvez um crítico – enfiasse um objeto pontiagudo no seu olho. Não se preocupe. Com muita suavidade, traga sua mente de volta ao trabalho.

Digamos que seu personagem esteja sentado com o filho adulto embaixo de um cipreste numa colina dourada, relembrando, com um tom muito amargo, os poucos momentos felizes de sua vida, e tudo o que você pretende fazer nessa manhã é tentar se lembrar junto com ele e descobrir como foram alguns daqueles momentos. Após um minuto, você começa a ver esse homem num jardim, pouco tempo antes, jogando pingue-pongue com um homem mais jovem, um hippie, e eles não estão competindo, apenas brincando, e você põe tudo isso no papel. Depois de duas frases, começa a se preocupar com um colapso financeiro total, imaginando como será viver dentro de um carro; em seguida, sua mãe telefona com voz alegre e diz que algo fantástico aconteceu com uma pessoa que foi malvada com você na oitava série. Quando desliga, sua mente se tornou o cérebro de um sapo que os cientistas saturaram de cafeína. Talvez você precise de outro minuto para levá-la de volta a seu personagem naquele jardim. Feche os olhos. Respire. Recomece.

Sinto muito, eu gostaria que houvesse uma maneira mais fácil e engenhosa de fazer isso, mas essa parece ser a única solução. Pode crer, odeio soluções naturais, ou pelo menos são as últimas às quais recorro. Outra noite, fui dar minha aula com o peito carregado e muita dor de garganta, do tipo que parece um câncer de traqueia. Por acaso, havia dois médicos naquela turma e um deles tentou me garantir que provavelmente não se tratava de câncer, que a nuvem viral de meados do outono havia descido e muitas pessoas estavam apresentando sintomas semelhantes. O outro médico me aconselhou a tomar água quente.

– Água quente? – perguntei. – *Água* quente? Eu deveria estar em casa sob anestesia epidural, tomando xarope para tosse à base de codeína e você me prescreve água quente?

Depois ameacei baixar a nota dele. (É claro, não se trata de um curso com notas, então meus alunos tendem a simplesmente revirar os olhos quando eu os ameaço.) No intervalo, o médico me trouxe uma xícara de água quente, como se fosse para fazer chá, mas sem o saquinho, e eu a bebi. Minha garganta e meu peito pararam de doer vinte segundos depois.

Droga.

Mesmo assim, respirar com calma pode ajudá-lo a assumir

uma posição na qual o coração dos seus personagens e as coisas que as pessoas dizem na sua história possam ser ouvidos por cima do som da QMRD. Você saberá quando estiver nessa posição. Estou me esforçando muito para não usar a palavra *harmonia*. Permita-me contar uma história:

Certa vez, recebi um telefonema de uma produtora de Nova York que queria que eu fosse para lá dois dias depois, pernoitasse na cidade, participasse de um programa de entrevistas e pegasse um avião de volta para casa. Pensei muito – durante cerca de 30 segundos – se eu deveria fazer aquilo. É claro que eu queria ir. Mas teria que arranjar para que Sam passasse a noite na casa dos avós e precisaria pegar um voo de volta que me permitisse chegar a tempo de dar aula na noite seguinte. O único voo que satisfazia esses critérios envolvia uma escala em Dallas-Fort Worth, e morro de medo de avião. Disse tudo isso à produtora e saí para uma reunião na igreja.

Eu estava totalmente confusa. No alto-falante direito, a QMRD transmitia uma prova de roupas para a entrevista. O alto-falante esquerdo estava transmitindo um programa sobre acidentes aéreos com descrições do que acontece com o corpo no momento do impacto.

Cheguei à igreja e meu grupo ainda não havia se reunido, mas quatro senhoras estavam em um encontro de orações. Elas oravam pelas crianças sem-teto. "Podemos discutir meus problemas pessoais por um momento?", perguntei.

Todas concordaram e lhes contei tudo sobre meu medo de voar e os problemas daquela viagem. Elas balançaram a cabeça. Pareciam acreditar que, entre Jesus e um agente de viagens, aqueles problemas poderiam ser solucionados. Suspirei. Minha reunião estava começando em outra sala, então fui para lá. Minha mente rodopiava com imagens do programa, de um possível acidente aéreo e de um atentado terrorista no aeroporto. Eu estava tendo problemas para me concentrar. A reunião terminou e, enquanto eu saía, um pequeno livro sobre preces chamou minha atenção. Peguei-o e o pus dentro da bolsa, pensando que poderia olhá-lo rapidamente durante o jantar e devolvê-lo no domingo.

Durante todo o caminho até a lanchonete, fiquei pensando que sofreria um acidente de carro e o livro seria encontrado na minha bolsa. As pessoas achariam que eu havia surtado e me tornado um daqueles fundamentalistas que acham que o mundo vai acabar amanhã depois do almoço. Consegui chegar à lanchonete e, assim que sentei, peguei o livro. Eu o abri antes de tirá-lo da bolsa para que a capa não aparecesse, como se fosse o pior tipo de pornografia. Comecei a ler e, na primeira página, deparei com esta linda passagem: "A corrente do Golfo passará por um canudo desde que o canudo esteja alinhado com a corrente do Golfo, e não em conflito com ela."

Resumindo, fui a Nova York e deu tudo certo. Não precisei parar em Dallas-Fort Worth e voltei para casa a tempo de dar minha aula. Agora, sempre falo a meus alunos sobre a corrente do Golfo: para nós, escritores, isso significa que temos de nos alinhar com o rio da história, o rio do inconsciente, das lembranças e da sensibilidade, da vida dos nossos personagens, que poderá, então, fluir através de nós, o canudo. Quando a QMRD está ligada, entramos em conflito com o rio. Então precisamos ficar sentados e respirar, nos acalmar, arregaçar as mangas e recomeçar.

INVEJA

De todas as vozes que você ouvirá na QMRD, a mais difícil de abafar talvez seja a da inveja. Ela é um ataque muito direto à confiança que você foi capaz de reunir. Mas, se continuar a escrever, provavelmente terá que enfrentá-la, porque alguns dos escritores mais horríveis, furiosos e indignos que você conhece – em outras palavras, pessoas que não são você – vão conseguir obter alguns sucessos maravilhosos e deslumbrantes.

Isso vai acontecer porque a mentalidade de rebanho do público não se comove quando coração, mente, inspiração, mão e papel trabalham juntos. Em vez disso, o público é guiado por programas de TV, produtores cinematográficos e comerciais. Ainda assim, você provavelmente gostaria que esse rebanho corresse na sua direção durante um tempo. A maioria de nós deseja isso secretamente. Mas talvez o rebanho vá se empanturrar de liquens e depois sair andando atrás de alguns escritores indignos. Esses escritores vão conseguir um lugar na lista de mais vendidos, adaptações cinematográficas, adiantamentos vultosos, belas fotos em revistas de circulação nacional (nas quais os editores de arte terão retocado os caninos longos demais, as rugas e os chifres). O crítico que você mais admira fará uma resenha maravilhosa sobre aqueles livros num grande jornal ou escreverá um texto elogioso para a quarta capa deles. Aqueles autores vão comprar mansões enormes ou casas de veraneio realmente bonitas. E você vai querer se atirar de uma escadaria, especialmente se algum deles for seu amigo.

Você vai se sentir muito mal. Por vários dias seguidos, odiará todo mundo e não acreditará em nada. Se você conhecer o autor do momento, ele sem dúvida lhe dirá que você será o próximo, exatamente como, a cada casamento, as noivas dizem às amigas que elas serão as próximas, enquanto o tempo passa e elas ficam mais velhas e decadentes. Sua autoestima pode ficar abalada ao descobrir que está desejando que algumas coisinhas ruins aconteçam com esse autor – por exemplo, que a cabeça dele exploda, ou que acorde um dia com dor na próstata, porque, por mais rico e bem-sucedido que ele seja, se acordar precisando ligar para o médico para fazer um exame de próstata, o dia será longo. Você se deixa levar por essas fantasias porque se sente, mais uma vez, como a criança que está olhando a vitrine da loja de doces e acha que aquele amigo, que agora você odeia, tem todas as guloseimas. Você acha que o sucesso lhe proporciona alegria, serenidade e segurança e aposta que a vida dele está mais fácil. Ele vai chegar aos 120 anos, nunca vai morrer – só as pessoas boas, como você, morrem. Mas isso não é verdade. O dinheiro não garante nada àqueles escritores, apenas que agora eles têm problemas muito mais caros. A pressão sobre a vida deles na verdade se intensificou.

"Tudo bem", você pensa. "Gosto de intensidade, quero ter esses problemas."

Mas será que quer mesmo?

Algumas das pessoas mais solitárias, infelizes, neuróticas e desprezíveis que conhecemos são as mais bem-sucedidas do mundo.

"Certo", você diz, "mas comigo seria diferente. Eu não me apaixonaria pelas minhas próprias entrevistas. Não mencionaria minhas conquistas o tempo todo. Não diria coisas como: 'Nossa, você acha que está chovendo muito hoje? Lembro-me de um dia, acho que foi no ano em que ganhei o Guggenheim, em que estava *realmente* caindo um temporal."'

Você nunca faria isso, ao contrário de outras pessoas que poderia citar.

Isso é muito legal. De qualquer maneira, vai acontecer com outra pessoa. Pode apostar. A inveja é um dos maiores riscos ocupacionais dos escritores e também o mais degradante. E eu, que fui a rainha da inveja, passei a acreditar que as únicas coisas que ajudam a aliviá-la ou transformá-la são: (a) envelhecer, (b) falar a respeito até a raiva passar e (c) usá-la como material. E, em algum momento, alguém vai conseguir fazer com que você ria da sua inveja, então você estará a caminho de casa.

Certa vez, tive uma grave crise de inveja quando uma pessoa que é (ou melhor, era) minha amiga fez muito sucesso. Parecia que, a cada dia, ela recebia mais boas notícias a respeito do desempenho do seu livro, até que não tivesse que se preocupar com mais nada o resto da vida. Fiquei ensandecida. Escrevo melhor do que ela. Muitos dos meus amigos escritores são extremamente bem-sucedidos e não sinto inveja deles. Não sei por que, mas é verdade. Porém, quando foi a vez dela, eu a ouvia falar ao telefone sobre suas últimas conquistas e rezava para conseguir desligar antes de começar a rosnar. Eu estava literalmente transbordando infelicidade, como uma fossa.

Minha crença mais profunda é que viver como se estivéssemos morrendo é algo que pode nos libertar. As pessoas à beira da morte nos ensinam a prestar atenção, a perdoar e a não nos preocuparmos com coisas pequenas. Assim, toda vez que aquela amiga telefonava, eu tentava me forçar a perdoar nós duas. Naquele verão, eu havia conhecido uma pessoa que sempre exclamava: "Que incrível!" Assim, quando minha amiga ligava para contar as últimas boas notícias, sempre com o tom humilde de uma cristã renascida que está concorrendo ao título de Miss Estados Unidos, eu dizia:

– Que incrível!

E ela respondia:

– Você me apoia tanto. Alguns dos meus outros amigos estão tendo problemas com isso.

– Como eu poderia não apoiá-la? Tudo isso é maravilhoso!

Mas eu sempre queria perguntar: "Pode me dar o nome e o telefone de alguns dos seus outros amigos?"

Às vezes eu desligava o telefone e chorava.

Depois de um tempo comecei a pedir ajuda aos outros.

Alguém me lembrou que Jean Rhys certa vez escrevera que todos nós, escritores, somos como rios que correm em direção a um lago, que o que é bom para um é bom para todos, que, coletivamente, compartilhamos sucesso e aclamação. Eu disse:

– Você é uma pessoa muito rancorosa.

Minha terapeuta falou que a inveja é uma emoção secundária que nasce da sensação de exclusão e privação e que, se eu trabalhasse essa sensação, provavelmente a superaria. Tentei fazer com que ela me receitasse Prozac, mas ela disse que aquela outra escritora estava na minha vida para me ajudar a curar meu passado. Afirmou que aquela mulher havia ajudado a trazer à tona o sentimento de quando as outras famílias eram mais felizes do que a minha e que, mais uma vez, eu estava comparando meu lado interior ao lado exterior das outras pessoas. Aconselhou-me a seguir em frente e me permitir ter aqueles sentimentos. Foi o que fiz. A sensação foi péssima.

Minha amiga, a escritora que eu tanto invejava, me ligava e dizia com tom de ingenuidade:

– Não sei por que Deus está me dando tanto dinheiro este ano.

Eu respirava profundamente e respondia:

– Que incrível!

Nunca me senti tão fracassada em toda a minha vida.

Telefonei para um escritor muito sábio que conheço, que

frequentou os Alcoólicos Anônimos durante anos e passa metade do tempo ajudando outras pessoas a se manterem sóbrias. Perguntei o que ele diz a um novato que está sendo vítima da insanidade ou, digamos, da inveja.

– Eu simplesmente escuto – respondeu ele. – Todos me contam histórias incrivelmente longas, pomposas e tortuosas. Depois, digo uma destas três coisas: "A-hã", "Humm" ou "Que pena!".

Eu ri. Em seguida, comecei a falar daquela amiga terrível que estava se dando tão bem. Ele ficou em silêncio por um instante e então disse:

– A-hã.

Depois conversei com outro amigo, um padre católico ligeiramente acima do peso, gay e alcoólico.

– Você sente inveja? – perguntei a ele.

– Quando vejo um homem da minha idade em ótima forma, entro em conflito, desejando ser magro como ele e, ao mesmo tempo, querendo beijá-lo. Isso é inveja ou admiração?

Era difícil fazer com que alguém dissesse algo capaz de afastar a inveja ou transformá-la em outra coisa. Eu me sentia como a irmã de criação malvada em um conto de fadas. Contei a outra amiga e ela me leu algumas palavras escritas por um sioux: "Às vezes fico com pena de mim mesmo. Enquanto isso, estou sendo carregado por grandes ventos céu afora."

– Isso é lindo – falei – e tenho uma mente muito doente.

No entanto, aquelas palavras ofereceram o início de uma solução. Causaram a primeira rachadura no muro da minha prisão. Eu estava esperando o tipo de solução na qual Deus se vira para baixo, me toca com sua varinha mágica e, de repente, eu estou consertada, como um forno quebrado. Mas não foi o que aconteceu. Na verdade, fui melhorando um pouco a cada dia.

Outra parte da solução surgiu quando um poema de Clive James chamado "The Book of My Enemy Has Been Remaindered"

("O livro do meu inimigo foi para o saldo") foi publicado na *The New York Times Book Review*. O poema começa assim: "O livro do meu inimigo foi para o saldo. E eu estou contente." Aquilo me ajudou mais do que posso exprimir. Ah, que alívio abençoado ver que alguém era tão invejoso e malvado quanto eu e que conseguiu tornar esses sentimentos engraçados. Procurei as pessoas a quem eu havia pedido conselho e li o poema para elas. Todas uivaram de reconhecimento.

Uma terceira parte da solução surgiu quando minha amiga Judy disse que o problema era tentar *parar* a inveja e a competitividade e que o principal era não deixar que aquilo alimentasse minha autodepreciação. Ela disse que era loucura eu tentar ficar feliz pela outra escritora. Não posso dizer como isso me ajudou. Fui criada numa cultura que promove essa competitividade, essa insaciabilidade, essa fantasia de que precisamos de centenas de milhares de dólares por ano e depois, no momento seguinte, nos envergonha por causa de qualquer sentimento de desejo, ciúme, inveja ou medo quando é a vez de outra pessoa. Eu só estava fazendo o que havia sido preparada para fazer.

Comecei a recuperar meu senso de humor. Passei a dizer que, se você quer saber como Deus se sente em relação ao dinheiro, basta olhar para quem Ele o dá. Isso me alegrou de verdade, embora alguns de meus amigos mais íntimos tenham muito dinheiro. Eu disse a mim mesma que, historicamente, quando as pessoas enriquecem rápido demais, uma tragédia grega está prestes a acontecer. Eu, que não ganho muito dinheiro rapidamente e que, na verdade, nunca havia ganhado grandes somas, estava em posição vantajosa. Não ia terminar como a heroína arrogante de um drama. Isso não deve ser subestimado. Meus nervos já estão destruídos, a última coisa de que preciso é um tripúdio de raios e gritos abafados, com címbalos e ventos espalhando incêndios florestais por toda parte. Quer dizer, quem *precisa* disso?

Depois comecei a escrever sobre minha inveja. Vasculhei alguns cantos frios e escuros, vi o que havia lá, iluminei um pouco o que todos nós temos em comum. Às vezes esse lado humano é pegajoso e patético – principalmente a inveja –, mas é melhor senti-lo, falar a respeito dele e explorá-lo do que passar a vida inteira sendo silenciosamente envenenado.

Após todas aquelas semanas atravessando uma espécie de canal da Mancha emocional, passando frio e sentindo medo, finalmente parecia que eu estava chegando a algum lugar. Então vi um documentário na TV sobre um casal que sofria de uma doença terrível. E todas as partes da solução finalmente se juntaram.

Naquele filme havia muitas imagens de corpos devastados, o tipo de corpos dos quais geralmente nos afastamos. Um dos homens tinha as costas emaciadas e totalmente roxas, cobertas de sarcomas de Kaposi. Mas quando você, o espectador, começava a conhecer o espírito dentro dele, era possível ver a beleza daquela pessoa doente por baixo dos montes de colchas de retalhos que os amigos haviam feito. Era possível ver a incrível força de pessoas que estavam passando com elegância por uma situação horrível, olhando direto para o poço e vendo que aquilo era o que lhes restava, aquela doença ou talvez até mesmo aquela inveja. Então você faz o que pode com o que tem. O corpo destroçado ou a psique ferida ainda podem – e devem – ser cuidados com todo o carinho e ternura possíveis.

Quanto mais escrevo a respeito e mais penso naquele filme, mais raiva sinto de todas as vezes que minha amiga escritora mencionou o dinheiro dela para mim, porque, naquele verão, eu e Sam estávamos praticamente sem dinheiro nenhum e ela sabia disso. Continuei a escrever sobre minha infância, sobre todas as vezes que eu quis o que as outras garotas tinham e o que as outras famílias pareciam ser. Colei a frase de Hillel na parede ao lado da minha escrivaninha: "Acordo. Ando. Caio.

Enquanto isso, continuo dançando." Meu modo de dançar é escrevendo. Então escrevo sobre a tentativa de prestar mais atenção no mundo, de levar as coisas menos a sério, de me mexer mais lentamente, de sair com mais frequência. No final, o que eu estava escrevendo ficou mais engraçado e trouxe à tona a compaixão, por mim e também pela minha amiga. Àquela altura, falei para ela, da forma mais gentil possível, que eu precisava dar um tempo na nossa amizade. A vida realmente é curta demais. E eu enfim senti que minha inveja e eu éramos estranhamente bonitas, como os homens naquele filme, fazendo a dança do eu transformado, dançando como um velho pássaro de pernas compridas.

PARTE TRÊS

Ajuda ao longo do caminho

FICHAS

Gosto de pensar que Henry James disse sua frase clássica, "O escritor é uma pessoa para quem nada passa despercebido", enquanto procurava seus óculos, que estavam em sua cabeça. Temos muitas coisas a lembrar hoje em dia. Por isso, fazemos um monte de listas na esperança de que elas nos tragam à memória todas as coisas importantes a fazer, comprar e enviar, todos os telefonemas que precisamos dar, todas as ideias que temos para contos ou artigos. No entanto, quando você consegue chegar ao fim de uma lista, já está atrasado em outra. Mesmo assim, acredito em listas e anotações e acredito em fichas para fazê-las.

Tenho fichas e canetas espalhadas por toda a casa – ao lado da cama, no banheiro, na cozinha, junto dos telefones e também no porta-luvas do carro. Sempre tenho uma ficha no bolso de trás da calça quando levo o cachorro para passear. Portanto, toda vez que estou saindo de casa sem minha bolsa – dentro da qual carrego, além de fichas, blocos de notas –, dobro uma ficha ao meio e a ponho no bolso traseiro junto com uma caneta. Assim, sei que, se eu tiver uma ideia ou vir alguém interessante, estranho ou digno de nota, poderei rabiscar algumas palavras para me ajudar a lembrar de tudo depois. Às vezes, se ouço ou penso em uma fala ou em uma transição, anoto tudo exatamente com as mesmas palavras. Em seguida guardo a ficha no bolso. Posso estar andando perto do pântano, em volta do lago Phoenix ou simplesmente esperando na fila do supermercado e, de repente, ouvir algo maravilhoso que me dá vontade de sorrir ou estalar os dedos – como se eu tivesse me lembrado de alguma coisa –, então saco a ficha e faço minhas anotações.

No exato momento em que escrevo isso, há uma ficha ao meu lado na qual anotei: "Pammy, Demi Moore". Essas palavras resumem para mim toda uma imagem de um dia específico no ano passado, seis meses antes de Pammy morrer.

Estávamos no jardim da casa dela. O céu azul e sem nuvens, tudo florindo, e ela usava um pequeno boné cor de lavanda. Sentia-se muito bem naquele dia, a não ser pelo fato de estar morrendo. (O oncologista do meu pai um dia o tranquilizou dizendo: "O senhor é um homem de 55 anos muitos saudável, a não ser, é claro, pelo câncer no cérebro.") Estávamos deitadas em espreguiçadeiras, de camiseta e short, comendo barrinhas de chocolate. Sam arrastava Rebecca, a filha de 2 anos de Pammy, pelo jardim em um carrinho vermelho.

– Estou um pouco deprimida – disse Pammy.

Alguns dias antes, ela tinha dito que bastava pensar em Rebecca para ficar muito deprimida e que, da mesma maneira, bastava pensar em Rebecca para ficar muito *alegre*.

– Na verdade, estou muito deprimida – corrigiu-se.

– Não vejo por quê.

– Qual é o aspecto positivo neste caso? Hoje não estou conseguindo me lembrar.

– O aspecto positivo é que você não vai mais precisar ver fotos de Demi Moore grávida e nua.

Ela olhou para mim por um instante com ar realmente surpreso.

– Meu Deus! – exclamou Pammy. – Isso já é muita coisa. Eu nem havia pensado nisso.

Pelo resto do dia, ela se divertiu muito, feliz por estar com as crianças e comigo.

Foi uma cena tão rara que você pode achar que eu me lembraria dela para sempre. Eu costumava pensar que, se algo era suficientemente importante, eu me lembraria daquilo até chegar em casa, quando anotaria tudo no meu caderno como um integrante normal da nossa sociedade.

Mas não era o que acontecia.

Eu chegava em casa, lembrando que havia idealizado a imagem perfeita ou ouvido as falas certas para levar meus personagens da festa na velha casa na colina para o primeiro dia no novo emprego, para a casinha onde brincavam na infância ou para qualquer outro lugar onde eles achavam que devessem estar, e ficava lá em pé, tentando visualizar tudo de novo, da mesma maneira que você tenta se lembrar de um sonho, estreitando os olhos, achando que está tudo na ponta da língua, mas sem conseguir trazer aquela lembrança de volta. A imagem ia embora. Essa é uma das piores sensações que posso imaginar: perceber um momento, uma sacada, uma visão ou uma frase maravilhosa, saber que você teve aquela percepção e depois perdê-la. Por isso uso fichas.

UMA DAS COISAS que acontecem quando você começa a escrever é que passa a pensar como um escritor. Você vê tudo como material. Às vezes, você sai para dar uma volta e seus pensamentos estarão em um aspecto do seu trabalho, em uma ideia que você teve para uma pequena cena ou em um retrato geral de um dos personagens. Ou então você está completamente bloqueado e desesperado, se perguntando por que não entrar na cozinha e beber uma boa dose de gim puro direto do pratinho do gato. De repente, sem aviso prévio, aparentemente do nada, surge um pensamento ou uma imagem. Alguns flutuam pela sua cabeça como um peixinho dourado – lindo, com um tom laranja vivo e sem peso – e você os segue como uma criança que observa um aquário que deveria estar sem peixes. Outros saem das sombras e fazem com que você prenda a respiração ou recue. Esses pensamentos espontâneos muitas vezes são tão fortes e claros que parecem indeléveis. Mas anote-os de qualquer maneira.

Tenho vários amigos escritores que não andam por aí fazendo anotações e dizem que é a mesma lógica de não tomar notas em uma aula, mas *ouvir* o professor. Acho que, se você tem o tipo de mente que retém pensamentos importantes e criativos – quer dizer, se a sua memória ainda funciona –, é muito sortudo e não deveria ficar surpreso se o resto das pessoas não o quiser por perto. Na verdade, tenho um amigo escritor – do qual provavelmente vou me afastar em breve – que disse que, se você não se lembra de alguma coisa ao chegar em casa, é provável que aquilo não tivesse importância. Voltei a me sentir com 8 anos, com algo relevante a dizer que, de repente, pulou de volta para uma das tocas de coelho da mente enquanto o adulto ao meu lado dizia com arrogância: "Ora, então não devia ser muito importante!"

Portanto, você precisa decidir o que acha disso. Talvez você tenha uma ótima memória e consiga se lembrar, três horas mais tarde, do que pensou quando estava caminhando ou esperando no consultório do dentista. Ou não. Se você julgar natural e achar que ajuda a memória, faça anotações. Não se trata de trapacear. Não tem nada a ver com o seu caráter. O fato de sua mente ser um tanto desorganizada só significa que você perdeu um pouco de terreno. Talvez tenham sido todas aquelas drogas que você usou quando era mais jovem, toda aquela maconha que, embora não fosse um vício, fumou diariamente durante 20 anos. Talvez tenha sido o fato de você ter tido filhos. Ao sair do seu corpo, uma criança leva junto, agarrado em suas mãozinhas, cerca de um quinto do seu cérebro, como aqueles bebês que nascem agarrados a DIUs. Então, por várias razões, é justo que você faça anotações.

Minhas fichas não são eficientes nem bem organizadas. Alunos hostis e agressivos insistem em perguntar o que eu *faço* com todas as minhas fichas. Tudo o que posso dizer é que eu as tenho, fiz anotações nelas e o fato de ter escrito algo me dá 50 por cento de chance de ter arquivado alguma coisa na minha memória. Se estou trabalhando num livro ou num artigo e fiz anotações em fichas, eu as guardo junto com o material, anexadas a uma página do esboço na qual aquela ideia ou imagem pode ser útil. Ou as empilho na minha escrivaninha, para poder consultá-las. Quando fico travada, perdida ou quando os tambores da selva começam a rufar na minha cabeça, proclamando que estamos fritos, que não sei o que estou fazendo e o poço secou, dou uma olhada nas minhas fichas. Tento ver se, em alguma delas, há uma pequena ideia que me faça voltar a escrever, que me dê uma ligeira sensação de confiança, que me ajude a encadear as malditas palavras – porque, vamos encarar os fatos, escrever se resume a isso.

 Na minha escrivaninha há fichas que registram coisas nas quais pensei, que vi, lembrei ou ouvi na última semana. Algumas são de dois anos atrás. Tem até uma ficha de seis ou sete anos, quando eu estava trabalhando no pântano entre Sausalito e Mill Valley. Ciclistas passavam por mim dos dois lados e eu não estava prestando muita atenção, até que, de repente, uma mulher usando um perfume com cheiro de limão passou ao meu lado. Em uma fração de segundo tive um daqueles flashbacks olfativos proustianos, fui transportada para 25 ou 30 anos antes, para a cozinha de uma das minhas tias, com muitas crianças, meus primos, em um dia quente de verão. Eu era a mais velha, tinha cerca de 8 anos, e meus tios tinham acabado de se divorciar. Minha tia estava triste e preocupada e acho que, para se consolar e ajudar seu ego ferido, ela havia feito compras: fora até a loja e gastara muito dinheiro em uma engenhoca para fazer limonada.

 Nem preciso dizer que, para fazer limonada, você só precisa de uma jarra, um espremedor de frutas, cubos de gelo, água, limões e açúcar. Nada mais. Ah, e uma colher comprida. Mas minha tia estava um pouco deprimida e aquele aparelho deve ter parecido algo divertido e que talvez pudesse hidratar um pouco a vida dela, enchendo seu espírito ressecado de limonada gostosa, fresquinha e doce. O aparelho consistia em uma jarra de vidro com um espremedor de limões que se encaixava no topo e tinha um reservatório para o suco. Você enchia a jarra de água, cubos de gelo e açúcar, depois encaixava o espremedor – com o reservatório – na parte de cima, espremia alguns limões e despejava o suco na jarra. No final, pegava sua colher comprida e mexia. Os gominhos e caroços dos limões ficavam no espremedor. Tudo era muito eficiente, mas, se você pensasse bem, também era bem idiota.

Nós estávamos lá na cozinha, eu e meus cinco primos, amontoados em volta da pia enquanto minha tia orgulhosamente preparava a limonada. Ela pôs a água na jarra, acrescentou os cubos de gelo, muito açúcar, encaixou o espremedor na parte de cima, espremeu uma dúzia de limões e, a seguir, começou a pegar copos no armário. Nós, os mais velhos, queríamos gritar: "Espere! Você não despejou o suco na jarra! Pare! Há alguma coisa errada!" Mas ela pegou copos de geleia, de plástico e alguns de alumínio brilhante e serviu a limonada. Lá estávamos nós, seis crianças submissas, incapazes de respirar, desejando que tudo ficasse bem e que minha tia não se sentisse mais triste. Ela levantou o copo para brindar conosco e todos nós tomamos um gole de água gelada com açúcar. As mãos de minha tia deviam estar tão impregnadas depois de cortar e espremer todas aquelas frutas que ela deve ter sentido gosto de limão. Olhamos para ela desamparados enquanto bebíamos nossa água com açúcar, depois sorrimos e levantamos os copos, como se estivéssemos fazendo um comercial de refrigerante, pedindo mais.

Lá no pântano, me lembrei perfeitamente do piso em mau estado da cozinha da minha tia, linóleo bege acinzentado salpicado de preto, que ficava mais escuro à medida que se aproximava da pia. Nas partes mais gastas, dava para ver a madeira apodrecida. E me lembrei de todos aqueles primos, alguns tão pequenos que devem ter achado que água gelada com açúcar era o máximo, em pé perto da pia, formando um círculo em volta da minha tia. E de como me senti próxima a todos eles, parte daquela roda.

Talvez eu nunca use essa anotação. Tudo o que a ficha diz é: "A engenhoca para fazer limonada." Mas é como um trecho de um filme, uma cena de uma família que estava sofrendo, dando um jeito de sobreviver, um daqueles raros momentos nos quais o coração das pessoas está aberto para a desilusão e para o amor e, por alguns minutos, contra todas as probabilidades, tudo fica mais ou menos bem.

ÀS VEZES ESTOU dirigindo e, de repente, palavras se formam na minha mente e resolvem problemas. Talvez eu tenha ficado a manhã inteira tentando mostrar que o tempo está passando para meus personagens sem recorrer a técnicas cinematográficas antigas nas quais as folhas de um calendário saem voando pela janela ou os ponteiros de um relógio começam a girar depressa. Essas técnicas não ficam bem quando transpostas para o papel. É uma sensação maravilhosa quando você está lendo o texto de outra pessoa e o escritor envelheceu exatamente o detalhe certo para que você saiba que a história está recomeçando em um momento posterior. Às vezes as estações mudam, as crianças começam a ir para a escola, barbas crescem ou animais de estimação ficam grisalhos. Mas às vezes, quando está escrevendo, você não consegue encontrar uma maneira invisível de fazer o tempo passar e não vai ajudar muito ficar sentado na frente da escrivaninha olhando fixamente para as palavras, tentando forçar os acontecimentos. Em vez disso, de repente, ao brincar com o cachorro ou pagar a conta de luz, você olha para cima e percebe que está tendo uma ideia que talvez seja importante, só que ainda não consegue fisgá-la. É como observar alguém em coma recobrar várias vezes a consciência; você fica ao lado da pessoa e às vezes a vê piscar. Assim, se você mantiver um espaço aberto, uma imagem pode surgir na sua cabeça. Então, pelo amor de Deus, anote-a.

Tenho aqui uma ficha na qual está escrito: "Seis anos depois, a lembrança dos cubos de peixe cru continuava a assombrá-la." Achei que daria uma ótima frase de transição, mas ainda não encontrei um lugar onde encaixá-la. Pode usá-la, se conseguir.

No final, jogo fora muitas das minhas fichas, ou porque usei o que estava escrito nelas em algum parágrafo, ou porque aquele pensamento se revela menos interessante do que parecera a princípio. Várias fichas nas quais escrevo no meio da noite tendem a ser incoerentes, como algum aluno brilhante de matemática pensando sobre laranjas sob o efeito de LSD. Algumas contêm ótimas citações que compartilho com meus alunos, embora eu infelizmente me esqueça de anotar de quem são as citações. Como esta, por exemplo: "O que ficou para trás e o que temos pela frente são coisas ínfimas se comparadas ao que temos dentro." Tenho quase certeza de que foi Ralph Waldo Emerson que disse isso, mas, com a minha sorte, algum crítico vai indicar que, na verdade, foi Georgette Mosbacher. (Quem foi que disse "Um crítico é uma pessoa que chega ao campo de batalha depois da luta e atira nos feridos"? Anotei isso em alguma ficha...) Outras fichas vivem comigo em pequenas pilhas. Meu filho provavelmente terá que se livrar delas algum dia, depois que eu morrer. Elas são o meu equivalente aos gatos das tias solteironas. Mas minhas fichas não fedem, não soltam pelos nem fazem xixi no chão, e acho que Sam deve estar ciente de que isso é uma vantagem. A maioria das fichas não fará sentido para ele. Muitas têm apenas uma ou duas palavras que me fariam lembrar cenas inteiras, mas ele só vai ficar lá em pé, coçando a cabeça.

Mas Sam também achará algumas fichas do início da década de 1990 com histórias completas sobre como ele me surpreendeu, como me fez suspirar com espanto e ternura. Como esta, de 17 de setembro de 1993:

Sam e eu acompanhamos Bill e Adair até o carro depois do jantar. Uma noite fria, revigorante e estrelada. Bill, com Sam no colo, respirou fundo e perguntou:
– Não é um cheiro maravilhoso, Sam?
Sam também respirou fundo, como se estivesse sentindo o cheiro de uma refeição deliciosa, olhou para o espaço e disse:
– É cheiro de lua.

Essa lembrança não vai se perder. Não tenho certeza se vou usá-la em algum livro – na verdade, acho que acabei de fazer isso –, mas sei que ela não vai se perder.

Assim como os detalhes de uma manhã que passamos no pronto-socorro quando Sam teve seu primeiro ataque de asma. Nós dois estávamos tristes e assustados, sem saber ao certo o que acontecia, mas Sam estava ligado a um nebulizador, com uma máscara sobre a boca e o nariz, e eu estava sentada ao seu lado, pensando que deveria ter pegado um brinquedo quando saímos de casa. Olhei dentro da minha bolsa e consegui achar uma pequena caixa de lápis de cera de um restaurante e duas fichas usadas. Uma continha uma lista de compras, a outra, uma breve descrição do céu.

Desenhei um gigante terrível no lado em branco de cada ficha. Sam, arfando dentro da máscara, me observava com medo. Depois fiz furos na mão direita de cada um dos gigantes e passei dois abaixadores de língua pelos buracos. Em seguida, encenei uma vigorosa e barulhenta luta de espadas. Sam arregalou os olhos e sorriu. Após um bom tempo, ele voltou a respirar normalmente e nos disseram que podíamos ir para casa. Mas, antes de sairmos, desmontei os gigantes, guardei a ficha com a lista de compras no bolso e, no verso da outra, anotei essa história.

LIGAR PARA AS PESSOAS

Há muitas pessoas por aí com informações inestimáveis para compartilhar e tudo o que você precisa fazer é pegar o telefone. Elas adoram isso, assim como você adora quando lhe perguntam sobre um assunto que conhece muito bem – ou, como no meu caso, sobre algo a respeito do que tem muitas opiniões apaixonadas. Digamos que você saiba muita coisa sobre pinguins, nós ou queijos e a pessoa certa lhe pede que conte tudo o que sabe. Que experiência maravilhosa e rara! Geralmente, o que acontece na vida real é que as pessoas fazem perguntas cuja resposta você não consegue lembrar, como o que você foi pegar na cozinha ou o que aconteceu em 4 de julho de 1776, e você fica lá sentado pensando: "Meu Deus, eu sabia isso, está na ponta da língua... Tudo bem, a Constituição dos Estados Unidos? Não, espere... Droga, eu sabia isso..." Quando você realmente sabe um pouquinho de alguma coisa, é um prazer se alguém faz um monte de perguntas a respeito.

Esse é um ótimo motivo para ligar para as pessoas. Outro é que, se você der telefonemas enquanto estiver sentado na frente do computador, poderá considerar aquilo parte do trabalho. Isso não é fazer corpo mole. Sendo um escritor, você passará muito tempo sozinho – e, consequentemente, sua mente começará a empenar. Se você estiver em um local de trabalho pequeno, seu cérebro começará a encolher como os cenários em *O gabinete do*

Dr. Caligari. Você poderá demonstrar sinais de esquizofrenia – como ficar olhando tanto tempo para a palavra *esquizofrenia* a ponto de ela parecer errada e então você não conseguirá encontrá-la no dicionário e começará a achar que a inventou. Depois notará uma pequena afta na boca, daquelas em que a língua vive batendo e que parece ter o tamanho de uma bola de gude, mas, quando a olha no espelho, vê que não passa de um ponto branco do tamanho da cabeça de um alfinete. Mesmo assim, no momento seguinte você estará convencido – porque passa *tempo demais sozinho* – de que está com câncer na boca, igual ao bom e velho Freud, e intuirá instantaneamente que os médicos terão que extirpar metade da sua mandíbula na tentativa de evitar que sua cabeça obsessivo-compulsiva seja canibalizada pelo câncer, então vai ter que andar com um capuz cobrindo o rosto e ninguém nunca mais vai querer beijá-lo – não que alguma vez alguém tenha querido.

Acho que não há nada de errado com esse tipo de raciocínio, só que ele não é muito produtivo. Sendo assim, vale a pena tentar fazer alguma coisa. E será melhor se isso envolver algum contato com outros seres humanos. Em se tratando de criar filhos, tenho certeza de uma coisa: crianças precisam de disciplina todo dia. Mas é útil estabelecer uma cota mínima de 300 palavras por dia. E as crianças também precisam de descanso todo dia. Portanto, considere os telefonemas seu descanso.

A verdade é que haverá momentos em que você não conseguirá avançar no trabalho até descobrir algo sobre o lugar onde cresceu na época em que aquela ainda era uma cidadezinha de passagem, ou como são os primeiros estágios do herpes, ou o que sua personagem vai vivenciar em sua primeira semana na escola de estética. Imagine quem teria essas informações e ligue para essa pessoa. Será melhor se ela for articulada, assim você poderá roubar todo o material dela. Obviamente, também é melhor falar ao telefone com alguém interessado em ajudar. Mas essas qualidades não são absolutamente necessárias, porque pode ser que você esteja simplesmente procurando uma informação, ou até mesmo uma palavra, e não precise de tanto conhecimento ou humor assim. E talvez, na busca por aquela informação, surja algum outro dado que você não fazia ideia que estivesse à sua espera.

Por exemplo, quando eu estava escrevendo meu segundo romance, cheguei à parte em que o homem vai à casa da mulher para seu primeiro encontro e leva uma garrafa de champanhe. Vemos as mãos dele, que são bonitas, longas e largas, com meias-luas brancas nas unhas grandes e quadradas, tão lindas que quase compensam o fato de ele estar usando uma camisa de poliéster amarela. Também é um ponto a seu favor o fato de ter levado uma boa garrafa de champanhe. A mulher gosta de beber. Então o homem retira o papel-alumínio e, em seguida, começa a desenrolar e remover o arame que cobre a rolha do champanhe.

Bem, sempre pensei naquele arame – aquele pequeno elmo – como "o arame", e é assim que todo mundo que eu conheço fala: "Querido, você pode tirar o arame do champanhe? Acabei de fazer as unhas." "Veja, Skippy está brincando com aquele arame do champanhe. Espero que ela não corte os lábios..."

Mas aquilo deve ter um nome, certo? Quer dizer, as vinícolas não recebem simplesmente caixas com 500 unidades de "arames para champanhe". Deve haver uma etiqueta. Resolvi ligar para a vinícola Christian Brothers, que fica perto do rio Russian. O telefone estava ocupado. Fiquei sentada olhando para o espaço, me lembrando das várias vezes que passei por aqueles vinhedos e percebi que, especialmente no início do outono, um vinhedo é o lugar mais voluptuoso do planeta: a sensação de viço e abundância, a exuberância dos cachos de uvas pendurados, emanando um antigo aroma outonal, semiprotegidos do sol por suas folhas. As uvas são tão lindas que não há como não ficar extasiado. Se você não fica – se vê apenas o lucro de outra pessoa ou pensa que, no mês seguinte, haverá um monte de frutas podres no chão –, alguém realmente entrou na sua cabeça e fez um grande estrago. E você precisa se curar para conseguir ver novamente que as uvas parecem quase brilhar com uma camada tênue de algum tipo de resíduo poeirento, como neve muito fina, quase como se estivessem cobertas com seu próprio açúcar de confeiteiro.

Anotei tudo isso e depois tentei ligar de novo para a vinícola. A linha ainda estava ocupada. Assim que desliguei, um amigo telefonou para me contar suas últimas catástrofes emocionais, mas eu disse:

– Não, não, fale-me de uvas.

Li o que eu havia escrito e ele disse:

– Sim, são realmente lindas. Quase brilham. A Mãe Natureza quer que os animais fiquem fascinados, hipnotizados pela beleza da fruta, assim eles a comem, eliminam as sementes em algum lugar e elas se reproduzem.

Anotei tudo aquilo também e fiquei muito feliz com aquela ficha, embora nunca tivesse conseguido usá-la – até agora.

Finalmente consegui falar com a recepcionista da vinícola e disse o que precisava. Ela comentou que também sempre havia pensado naquele objeto como o "arame do champanhe", depois me transferiu para um monge de 2 mil anos de idade. Pelo menos foi o que pareceu, por causa de sua voz fraca, aguda e ofegante, como Noé depois de uma caminhada acelerada.

Ele ficou muito feliz por eu ter ligado. Chegou a dizer isso e realmente parecia estar contente. Desde então, acredito secretamente que, de alguma maneira, ele se manteve vivo só para atender minha ligação e, depois de ter respondido à minha pergunta, desligou, sorriu e tombou para a frente.

– Ah! – exclamou ele quando perguntei o que queria saber. – É o lacre de arame.

Que dia cheio! Fiz uma descrição dos vinhedos que poderia se tornar a ambientação perfeita para uma cena futura. Fiquei pensando em como a Mãe Natureza é hábil em seu trabalho e pude escrever que meu personagem desenroscou e removeu o lacre de arame antes de tirar a rolha.

Em todos os anos desde que aquele livro foi lançado, perdi a conta de quantas pessoas me disseram que adoraram descobrir o nome daquilo que elas sempre haviam chamado de "arame do champanhe". Tudo bem, a verdade é que não perdi a conta: foram três pessoas. Mas elas pareciam realmente felizes por terem descoberto algo que sempre haviam se perguntado. Tudo bem. Vamos ser sinceros. Foram duas pessoas e minha mãe. Não que minha mãe não seja uma pessoa, mas, toda vez que lhe mostro uma cópia do meu último livro, ela fica em silêncio e com os olhos cheios d'água e dá para perceber o que está pensando: "Minha querida, foi você mesma que fez isso?" Como se o livro fosse a impressão das minhas mãos em argila – o que, sob vários aspectos, acho que é mesmo.

GRUPOS DE REDAÇÃO

Grande parte da arte de escrever é se sentar e praticar todos os dias. Mas, em igual medida, também é absorver tudo o que aparece, vendo tudo como matéria-prima. Esse pode ser um hábito reconfortante, como roer as unhas. Em vez de ficar com medo o tempo todo, você se afasta, observa o que está acontecendo e analisa a situação de um ponto de vista criativo. Em vez de entrar em pânico por causa daquelas pessoas esquisitas no metrô, você percebe todos os detalhes de suas roupas, sua postura e seu modo de falar. Talvez ninguém nunca chegue ao ponto de pensar: "Ah, que interessante, ele está com uma faca no bolso!" Mas você absorve tudo o que puder, como se fosse uma criança, sem a névoa atmosférica do olhar da maioria dos adultos.

Durante todo esse tempo, você está escrevendo, editando, revisando, experimentando novas introduções, novos finais, até que, enfim, a certa altura, você quer feedback. Quer que outras pessoas leiam o que você escreveu. Quer saber o que elas pensam. Somos animais sociais e estamos tentando nos comunicar com outros membros da nossa espécie. Até aqui, você ficou sozinho em um buraco, trabalhando. Não tem ideia se aquilo faz sentido para alguém além de você mesmo. Ninguém passaria um mês fazendo uma pintura a óleo para depois mumificá-la. Em vez disso, ela é pendurada onde as pessoas possam vê-la. Portanto, a ideia de um curso de escrita criativa ou de uma conferência de autores pode passar pela sua cabeça.

Os escritores iniciantes não sabem o que esperar quando se inscrevem em uma oficina ou em uma aula de escrita criativa. Alguns querem aprender a escrever ou a escrever melhor. Outros já escrevem há muito tempo e querem feedback. Esses são objetivos realistas. Há quem ache que esse tipo de aula é como um acampamento e queira apenas ficar naquele ambiente, talvez ao lado de um escritor respeitado, para receber e dar opiniões e incentivos e ouvir como os demais contam suas histórias. Algumas pessoas querem ter alguém com quem compartilhar suas desilusões, suas cartas de recusa e seus momentos ruins. Muitos gostam de trabalhar com o texto dos outros porque isso os ajuda a descobrir o que amam na palavra escrita e o que não funciona para eles. Outros querem feedback de pessoas que não são amigas nem editoras, mas que são realistas, honestas e úteis.

Mas muitas pessoas vão às minhas oficinas com a esperança secreta de que eu leia seus trabalhos e fique maravilhada, que eu as chame depois da aula e diga que tudo o que a história precisa é de uma reviravolta no final, talvez um corte na cena com Cammy e os patos, mas que, depois, vá mandá-la para meu agente ou para uma grande editora.

Porém, digo a meus alunos que isso provavelmente não vai acontecer. Vez por outra, numa conferência, algumas pessoas são chamadas por escritores maravilhosos que adoram as histórias delas e as ajudam de uma forma crucial. De vez em quando, durante uma das minhas oficinas, chamo alguém e digo: "Você é muito bom, trabalhe nesse texto mais seis meses, depois me ligue e vamos ver no que dá." Mas isso é raro. Geralmente, o que faço é ouvir, incentivar e dizer às pessoas como consigo escrever todos os dias, o que me ajuda ou não. Falo de tudo de que gostei nos textos dos participantes – por exemplo, a atmosfera maravilhosa e a linguagem – e também indico onde eles se perderam. Nós – os outros alunos e eu – podemos ser como um médico ao qual você leva o trabalho para fazer um check-up. Podemos lhe dar um lugar ao qual comparecer e um pouco de pressão, com a esperança de que isso o ajude a terminar histórias e trechos. Podemos lhe dar um pouco de respeito porque sabemos como isso é difícil.

Mas saiba que você pode se sentir como se tivesse enfiado a cabeça na boca do leão. Aulas e oficinas de escrita criativa geralmente são mais agradáveis do que conferências, mas, em todas essas situações, você pode acabar junto de vários escritores que se sentem moral e esteticamente obrigados a destruir sua história. Na melhor das hipóteses, eles dirão que o texto funcionaria melhor se você o reescrevesse no passado. Se ele já estiver no passado, vão sugerir o presente, uma narração em primeira pessoa ou, se já for assim, em terceira. Na pior das hipóteses, vão sugerir que você não tem nenhum talento e não deveria se dar o trabalho de escrever mais nada, nem mesmo seu nome.

Já dei palestras em conferências nas quais os participantes me procuravam aos prantos porque um escritor famoso fez uma crítica que destruiu o trabalho deles. Já vi alunos ficarem arrasados com a rispidez dos comentários de outros participantes, como se eles estivessem na conferência de escrita *O senhor das moscas*. No verão passado, por exemplo, eu estava na sala de aula em uma grande e prestigiosa conferência quando a situação saiu totalmente de controle. Havia 20 alunos e um deles lia algumas páginas do seu trabalho. Fazia pouco tempo que ele tinha começado a escrever. Era um texto experimental, não muito bom e com muitas gírias mal empregadas. Os outros alunos haviam recebido previamente o texto para que fizessem anotações e, ao final, apresentassem seus comentários. Eles mencionaram coisas de que haviam gostado, momentos aqui e ali que funcionavam. Disseram que a gíria atrapalhou, mas que havia muita emoção na história e que ficaram comovidos. Achei que estivessem sendo sinceros, embora um pouco efusivos. Então também teci alguns comentários encorajadores e apontei alguns trechos que não soavam verdadeiros, sugeri maneiras para acelerar o ritmo e, com bastante tato, falei que o texto precisava ser trabalhado. O autor fez algumas perguntas específicas e recebeu boas sugestões. Depois uma jovem que havia ficado calada o tempo todo levantou a mão.

– Estou ficando louca? – perguntou, num tom suplicante. – Estou perdendo a razão? Sou a única pessoa aqui que pensa que a história não funciona de jeito nenhum? Alguém acha mesmo que havia algum personagem verdadeiro, alguma imagem significativa... – e continuou por muito tempo enquanto nós a olhávamos como se estivéssemos em transe, hipnotizados.

Boa parte do que ela disse era verdade.

No final, ela olhou para mim, agitada. Retribuí seu olhar. Tentei descobrir o que fazer. Houve silêncio.

– Ele deve desistir totalmente? – perguntei.

– Acho que as pessoas estão sendo condescendentes. Ele não vai melhorar se ninguém lhe disser a verdade – reclamou ela.

– Mas o que você acha que é verdade é apenas sua opinião.

O autor da história fixou os olhos no teto, como se tivesse ouvido o barulho de mosquitos se aproximando. O resto da turma olhou para mim com uma expectativa tensa. Parte de mim entendia como aquela moça estava se sentindo. Ela precisou de muita coragem para falar. E outra parte queria arrancar uma da pernas da mesa e ameaçá-la. Eu sabia que ela era uma escritora muito melhor do que ele, quase todos eram. Tentei respirar e me lembrar do que os escritores não publicados precisam e por que eles vão a conferências como aquela. Eles precisam de atenção. Precisam que alguém comente seu trabalho com a maior sinceridade possível, mas sem ser abusivo ou depreciativo. Por isso, nos meus comentários me concentrei no fato de que o autor havia tentado algo muito difícil, havia se arriscado. Disse a ele que a melhor coisa era apostar alto e cometer erros e que, quando ele estivesse velho, ou morrendo, certamente não ia dizer: "Meu Deus! Estou muito feliz por ter corrido tão poucos riscos! Estou muito feliz por ter apostado tão baixo!" Sugeri que ele continuasse trabalhando, que reescrevesse o texto e depois passasse para outra coisa.

Disse à jovem, na frente da turma, que ela havia precisado de coragem para dizer tudo aquilo. Mais tarde, ela me procurou e perguntou se eu a achava um monstro. Eu disse que ela havia sido muito sincera, o que era totalmente louvável, mas que nem sempre temos que usar a espada da verdade para cortar. Também podemos usá-la para indicar o caminho.

Muito tempo depois do fim da conferência, achei um poema de Bill Holm que eu quis enviar ao jovem. Porém, eu não tinha mais seu endereço. Chama-se "Agosto em Waterton, Alberta".

Sobre mim, o vento faz o que pode
para derrubar as folhas
do álamo com um mês de antecedência.
Não adianta, vento. Tudo o que você consegue
fazer é música, o barulho
do fracasso tornando-se belo.

Saiba que conferências e cursos de escrita podem ser implacáveis e competitivos e que talvez você não esteja preparado para as críticas mais ferrenhas ao seu trabalho. Mas, se você precisa de feedback, incentivo, pressão benéfica e companhia de outros escritores, talvez devesse pensar em participar de um grupo de redação.

Já houve alunos que se conheceram em minhas aulas e depois começaram a se reunir em grupos de três ou quatro pessoas algumas vezes por mês e já fazem isso há anos. O fato de se encontrarem significa que precisam terminar uma certa quantidade de trabalho. Além disso, um risco ocupacional da vida de escritor é que você terá dias ruins. Você vai se sentir totalmente sozinho e também vai achar que todas as outras pessoas estão em uma festa. Porém, se conversar com outras pessoas que escrevem, lembrará que essa sensação faz parte do processo, é inevitável.

Os escritores tendem a ser muito paranoicos com relação a falar do próprio trabalho, porque ninguém, nem mesmo nós, entende como ele funciona. Mas pode ser de grande ajuda ter alguém para quem ligar quando você precisa de encorajamento, alguém de confiança, uma pessoa sincera e generosa, que não vai lhe dar um banho de água fria. Quando você está se sentindo para baixo, não quer ouvir nem de brincadeira que aquela é uma combinação astral ruim que vai durar sete anos. Num dia ruim, você também não precisa de muitos conselhos. Só precisa de um pouco de empatia e afirmação. Precisa voltar a sentir que os outros confiam em você. Muitas vezes, é exatamente isso que os membros do seu grupo de redação podem oferecer.

Bem, como iniciar um grupo assim? Uma maneira é se inscrever em um curso de escrita criativa e perguntar às pessoas cujo trabalho você mais aprecia e com as quais você tem mais empatia se elas querem começar a se encontrar uma vez por mês para ouvir e apoiar o trabalho umas das outras, fofocar um pouco e falar de redação em geral. Talvez elas digam não. Então você pode se desesperar ou continuar procurando até encontrar duas ou três pessoas que queiram ver como é participar de um grupo.

Alguns dos meus alunos puseram anúncios em quadros de avisos e pequenos jornais comunicando a formação de um grupo para escritores iniciantes ou para escritores tentando publicar um romance. A maioria dessas pessoas conseguiu montar grupos que lhe dão muito prazer e apoio.

Há um grupo de três mulheres e um homem que se conheceram em uma das minhas aulas e vêm se encontrando regularmente há quatro anos. Eu os vejo juntos em livrarias e cafeterias, onde tomam vinho ou café e leem o trabalho uns dos outros, apresentam críticas e se incentivam, fazem perguntas e descobrem que rumo seguir. Na verdade, eles não editam os esboços uns dos outros, algo que vamos discutir no próximo capítulo, mas ouvem o trabalho dos colegas e se ajudam a seguir adiante.

Às vezes, eles aparecem em uma das minhas aulas, como veteranos no treino de basquete dos calouros. Acabam fazendo discursos incentivadores para os novos alunos sobre como é bom fazer parte de um grupo; como, com o tempo, eles se tornaram amigos; como aquilo os ajuda a trabalhar. Eles deixaram de ser quatro pessoas tensas, levemente presunçosas e solitárias que queriam escrever e passaram a ser uma daquelas estranhas famílias que formamos com quem está à nossa volta. Eles são muito gentis entre si. Todos parecem muito menos espertos e descolados do que na época das minhas aulas, pois a ajuda mútua fez com que abrissem o coração. Um coração aberto é algo ao mesmo tempo desajeitado e delicado, que não se protege nem se esconde. Mas se destaca como a moleira de um bebê, na qual você pode ver a alma pulsando. Agora podemos ver essa pulsação neles.

Todos os quatro são escritores excelentes, mas só um deles teve algo publicado – e foi apenas um artigo. Mas quer saber? Eles se amam. Mesmo depois de todos esses anos, ainda esperam ansiosamente por seus encontros. São escritores e pessoas melhores porque trabalham juntos. Quase sempre um deles está se sentindo bem e consegue ajudar quando outro está pensando em desistir ou em sair do grupo. Porém, até agora, conseguiram convencer uns aos outros a perseverar. Uma das integrantes do grupo, a que conseguiu publicar um artigo, me ligou há algum tempo e disse que estava quase desistindo porque não havia vendido mais nada desde a publicação daquele artigo. Ela disse, com voz chorosa, que achava que podia voltar a beber sem problemas depois de ter ficado sóbria durante sete anos e que eu também podia, já que havia me mantido sóbria pelo mesmo tempo. Seu plano era vir buscar a mim e Sam e depois rodarmos até encontrar um bar que tivesse um playground.

Emiti sons empáticos e lembrei que ela já havia passado por momentos de impasse como aquele. Pequenas tarefas, sussurrei. Primeiros esboços ruins. Ela resmungou. Perguntei se havia alguém no grupo de redação que pudesse ser útil. Mas ela disse que não podia ligar para eles, sabia que todos estavam se saindo bem, que haviam tido uma ótima semana e que, de qualquer maneira, provavelmente tinham se encontrado sem chamá-la e falado mal dela.

Sugeri que ela se sentasse e escrevesse sobre como estava se sentindo. Talvez toda aquela solidão e paranoia se revelassem um ótimo material. Ela disse que não estava paranoica. Só achava que os amigos se reuniam e falavam mal dela.

Mas, naquele exato momento, recebeu uma ligação na outra linha. Era alguém do grupo que também estava muito deprimido. Ela perguntou se podia me ligar mais tarde. Não soube mais dela pelo resto do dia. Finalmente, liguei de volta, achando que ela podia estar dentro da garagem, sentada no carro com o motor ligado ouvindo uma velha fita de Leslie Gore. Mas, na verdade, o outro integrante do grupo que havia ligado para ela estava *realmente* mal e deprimido, e ele é um escritor maravilhoso, bonito e engraçado que sofreu abusos graves na infância. Ela acredita muito nele e o incentivou. Logo após ter desligado o telefone, voltou a se dedicar ao seu livro e continuou trabalhando até o momento em que eu liguei e a interrompi.

ALGUÉM PARA LER SEUS ESBOÇOS

Há uma antiga charge da *The New Yorker* com dois homens conversando tranquilamente, sentados num sofá, em uma festa movimentada. Um deles tem barba e parece um escritor. O outro parece uma pessoa normal. O escritor está dizendo ao outro:

– Temos ideias muito divergentes. Quero um adiantamento de seis dígitos, mas eles se recusam a ler o manuscrito.

Bem, posso estar enganada, mas apostaria que aquele sujeito nunca mostra seu trabalho para outros escritores antes de tentar vendê-lo. Aposto que ele acha que está acima disso.

Toda vez que dou uma palestra e menciono as vantagens de encontrar alguém para ler seus esboços, pelo menos um escritor mais velho e já estabelecido me procura e diz que nunca mostraria o próprio trabalho a outra pessoa antes de terminá-lo, que aquela não é uma boa ideia e eu deveria parar de dizer a meus alunos que isso vai ajudá-los. Eu simplesmente sorrio como uma gueixa e emito sons vagos de compreensão. Depois continuo dizendo às pessoas que pensem em encontrar alguém que não se importe em ler seus esboços e dar sugestões úteis. Talvez essa pessoa não saiba dizer o que está faltando ou incomodando no texto, mas, quando escrevemos, muitas vezes cometemos erros e nos sentimos perdidos. Provavelmente, há várias maneiras de contar bem sua história e outra pessoa talvez seja capaz de dizer se você encontrou ou não uma dessas maneiras.

Não estou sugerindo que você e outro autor se sentem em algum lugar e escrevam juntos, como se estivessem brincando, e depois sorriam radiantes como acontece quando seu filho escreve o próprio nome pela primeira vez. Estou supondo que talvez haja alguém no mundo – pode ser um cônjuge ou um amigo íntimo – que vai ler seus esboços, fazer uma crítica sincera, dizer o que funciona ou não e dar algumas sugestões sobre coisas que você pode eliminar ou elaborar mais, maneiras para tornar seu texto mais forte.

Na primeira história de Donald Barthelme que li, 20 anos atrás, ele dizia que a verdade é uma maçã difícil de pegar e atirar. Conheço a sensação dolorosa de trabalhar por muito tempo em um texto, achar que ele está terminado e, ao entregá-lo a alguém esperando que seja aprovado, ouvir que você ainda precisa trabalhar mais um pouco naquela história. A essa altura, você tem que questionar seu julgamento sobre o caráter daquela pessoa e, se ela for seu cônjuge ou um grande amigo, decidir se quer que ela continue em sua vida. Em geral, acho que uma primeira reação apropriada é pensar que não quer mais contato com ela. Mas logo você perceberá que é um pequeno milagre ter alguém em sua vida cujo gosto você admira (afinal, aquela pessoa ama tanto você quanto o seu trabalho), que dirá a verdade e o ajudará a seguir pelo caminho certo ou a reencontrá-lo, caso esteja perdido.

Sempre mostro meu trabalho a duas pessoas antes de mandar uma cópia para meu editor ou meu agente. Sinto-me mais segura e conectada dessa maneira e aquelas duas pessoas me fazem produzir muitas coisas boas. Elas são como parteiras – existem histórias, ideias, visões, lembranças e tramas dentro de mim e só eu posso dá-las à luz. Teoricamente, eu poderia fazer isso sozinha, mas sem dúvida é mais fácil quando tenho alguém para me ajudar. É uma coisa pessoal. O que funciona para mim talvez não funcione para você. Mas o feedback de uma pessoa próxima me dá confiança, ou pelo menos me dá tempo para melhorar. Imagine que você está se preparando para uma festa e tem uma pessoa na sua casa que pode dar uma olhada e garantir que você está maravilhosa ou, ao contrário, que você parece um tiquinho sem vida naquele vestido, ou que, usando vermelho, você parece estar com sarna. É claro que você fica desapontada por um instante, mas depois se sente grata por ainda estar na privacidade do seu lar e ter tempo de se trocar.

Um dos melhores escritores que conheço tem uma esposa que lê tudo o que ele escreve e diz do que gostou ou não e por que, na opinião dela, algo funciona ou não. Ela é quase uma parceira no processo criativo. Dois outros escritores que conheço recorrem um ao outro. Como eu disse, tenho duas pessoas que leem meu material. Uma é outro escritor, um dos meus melhores amigos e provavelmente a pessoa mais neurótica e mentalmente perturbada do Universo. A outra é um bibliotecário que lê dois ou três livros por semana, mas nunca escreveu uma palavra. Então trabalho em um texto até achar que está no ponto, depois o envio a esses amigos, que concordaram previamente em lê-lo.

Sempre envio meu trabalho via FedEx, porque sou impaciente demais para esperar que os correios o entreguem. Passo todo o dia seguinte esperando notícias, andando de um lado para outro, comendo demais, sentindo-me paranoica e maltratada se não tenho notícias dos meus amigos até o meio-dia. Naturalmente, acho que eles consideraram o texto horrível, mas não têm coragem de me dizer isso. Depois penso em todas as coisas de que não gosto neles, em quanto, no fundo, eu os odeio e que, obviamente, não é de espantar que eles não tenham muitos amigos. Então o telefone toca e eles geralmente dizem algo como: "Acho que vai ficar ótimo, é um trabalho muito bom. Mas também acho que tem alguns problemas."

A essa altura, já estou aberta a sugestões, pois me sinto aliviada por eles acharem que o texto vai ficar ótimo. E pergunto alegremente o que eles acham que pode ser melhorado. É aí que as coisas podem se tornar um pouquinho delicadas. Eles talvez digam que toda a primeira metade é um tanto lenta e que não conseguiram se envolver, mas que, a partir de determinada página, as coisas engrenam e que, daquele ponto em diante, não conseguiram mais parar de ler. Leram avidamente o restante – exceto o final, com o qual tiveram alguns problemas. Eles perguntam se eu entendi mesmo a motivação de um dos personagens e se não gostaria de gastar cinco minutos, não mais do que isso, reavaliando aquela pessoa.

Se eles têm muitas sugestões, minha primeira reação nunca é de profundo alívio por poder contar com pessoas sinceras que me ajudam a fazer o melhor trabalho possível. Em vez disso, meu primeiro pensamento é: "Sinto muito, mas não posso mais ser sua amiga porque você tem problemas demais. E uma personalidade ruim. Além de um caráter difícil."

Às vezes, não consigo falar nada, porque estou muito decepcionada, como se eles houvessem dito que Sam é feio, chato e mimado e que eu deveria abandoná-lo. É muito difícil aceitar críticas. Mas esses amigos geralmente me convencem a passar o manuscrito com eles ao telefone e dizem que, se eu não desistir, encontrarão vários trechos nos quais as coisas poderiam ser bem mais fortes, engraçadas, reais, interessantes ou menos enfadonhas. Eles até podem ter ideias sobre como consertar aqueles trechos e, assim, no final, solto um grande suspiro de alívio e até mesmo de gratidão.

Quando alguém confiável lhe dá esse tipo de feedback, você tem uma noção verdadeira do efeito do seu trabalho sobre as pessoas e pode saber como abordar sua versão final. Se você estiver se preparando para enviar seu trabalho para um agente pela primeira vez, não vai querer queimar esse cartucho mandando algo que ainda não esteja pronto.

Você realmente precisa ajustar seu texto ou livro da melhor maneira possível. Às vezes é apenas uma questão de sintonia ou talvez todo um personagem precise ser repensado. Talvez seu amigo adore o clima, a matéria-prima, mas ache que nem de longe o texto está pronto. Isso pode ser profundamente decepcionante, mas é melhor ouvir uma crítica de um cônjuge ou um amigo do que de um agente ou editor.

Certa vez ouvi Marianne Williamson dizer que, ao pedir que Deus entre em sua vida, você acha que Ele vai entrar na casa da sua psique, dar uma olhada e ver que você só precisa de um novo piso ou melhores móveis e uma limpeza, então, nos seis meses seguintes, você fica pensando em como a vida com Deus é boa. Até que, um dia, você olha pela janela e vê que, lá fora, tem um guindaste pronto para destruir tudo. Na verdade, Deus acha que todo o alicerce está comprometido e que você vai ter que recomeçar do zero. É exatamente isso que você pode sentir ao entregar um romance para que outra pessoa leia. A pessoa pode amá-lo e, ainda assim, achar que está confuso, precisando de muito trabalho ou até mesmo de um novo alicerce.

"ENTÃO, COMO ENCONTRAR um desses parceiros?", perguntam meus alunos. Da mesma maneira que se encontram pessoas para um grupo de redação. A única diferença é que, nesse caso, você está procurando um parceiro, e não vários. Portanto, se estiver em uma turma, olhe à sua volta, veja se há alguém cujo trabalho admira, alguém que pareça estar no seu nível. Depois pergunte se essa pessoa quer tomar um café e ver se é possível trabalharem juntos. É como convidar alguém para sair. Ao fazer isso, você será perseguido por todas as suas mais terríveis lembranças da adolescência. Se a pessoa disser "não", é bom esperar até entrar no carro para desmoronar. Depois pode rasgar as roupas, chorar e gritar. Você provavelmente vai querer ter certeza de que aquela pessoa não o seguiu até o carro. Mas, na verdade, não importa se ela o vir surtar, porque você não vai mais querer ser amigo dela. Aquela pessoa é uma idiota. Você dobra as sessões de terapia durante algumas semanas até se recuperar e então fala com outro colega, de quem gosta muito mais.

Se você tem certeza de que uma pessoa inteligente e civilizada adora seu trabalho, pode perguntar se ela estaria disposta a dar uma olhada em uma parte do seu romance ou do seu último conto. Se ela também escreve, pergunte se gostaria que você lesse o esboço dela. Se a resposta a ambas as ofertas for negativa, finja ser amistoso para que ela não tenha uma opinião ainda pior a seu respeito. Depois pode se mudar para o estacionamento de trailers perto da casa do seu terapeuta até se sentir bem o suficiente para voltar a falar com mais alguém.

A segunda pergunta sobre um parceiro de escrita que meus alunos fazem é: "E se alguém concordar em ler e trabalhar no seu material e disser coisas totalmente negativas e destrutivas, mesmo que da maneira mais gentil possível?"

Você ficará arrasado e se sentirá traído. Afinal, fez algo muito corajoso: expôs seu coração e sua alma e a outra pessoa acha que aquilo não vale nada. Ela diz que sente muito, mas que essa é a opinião dela. Bem, deixe-me dizer uma coisa: acho que é mentira. A destruição do seu trabalho proporcionou a ela um enorme prazer, uma satisfação que ela jamais admitiria, um prazer quase sexual. Acho que você deve se livrar imediatamente dessa pessoa, mesmo que sejam casados. Ninguém deveria falar dessa maneira. Se você escreveu seu primeiro texto longo e está se perguntando se ele é publicável, mesmo que a resposta seja negativa, alguém deve ser capaz de lhe dizer isso de maneira gentil, para que você se sinta estimulado – talvez não a tentar ser publicado, mas a continuar escrevendo. A pessoa poderá sugerir que você ouça uma segunda opinião. Mas, se ela for estridente ou inflexível demais, deixe-a de lado. Você defenderia alguém que falasse assim com seus filhos – por exemplo, dizendo que eles não têm muito talento para pintura e não deveriam nem se dar o trabalho de tentar? Ou que a poesia deles não é muito interessante? Claro que não. Você ia querer lhe fazer uma visitinha munido de um lança-chamas. Então, por que iria querer continuar a se relacionar com alguém que lhe diz algo assim? Por que jogar fora o pouco tempo que lhe resta com um cretino desses?

Fico preocupada achando que Deus bebe até cair quando me ouve falar assim. Mas, cerca de um mês antes de morrer, minha amiga Pammy disse algo que pode ter me mudado para sempre.

Tínhamos ido comprar um vestido que eu usaria naquela noite para me encontrar com o homem com quem estava saindo na época. Pammy estava em uma cadeira de rodas, usando uma peruca e com um olhar aventureiro. Experimentei um vestido curto lilás, que geralmente não é muito meu estilo. Costumo usar roupas grandes e largas. De todo modo, o vestido ficou perfeito e saí da cabine para mostrá-lo a Pammy. Eu estava me sentindo muito tímida, constrangida e feliz. Então perguntei:

– Você acha que meus quadris parecem grandes demais?

– Anne! Sinceramente, acho que você não tem tempo a perder com isso – respondeu ela.

Eu também acho que você não tem tempo a perder com isso. Acho que você não tem tempo a perder deixando de escrever por medo de não ser bom o bastante. E acho que não tem tempo a perder com alguém que não o trata com gentileza e respeito. Você não quer gastar seu tempo com pessoas que o fazem prender a respiração. E escrever é se preencher quando você está se sentindo vazio, deixar que imagens, ideias e cheiros fluam como água – assim como também é lidar com o vazio. O vazio já destrói muitos escritores sem a ajuda de algum amigo ou cônjuge.

Sempre há alguns iniciantes promissores nas minhas aulas e eles precisam que pessoas leiam seus esboços com respeito e os incentivem. Os iniciantes sempre tentam colocar toda a sua vida em dez páginas e escrevem despudoradamente sobre si próprios, mesmo quando usam como protagonista uma égua campeã dos páreos com uma mãe alcoólatra que chora muito. Mas os iniciantes estão aprendendo a brincar e precisam de incentivo para manter as mãos se movendo sobre as páginas.

Se você olhar à sua volta, acho que encontrará a pessoa de que precisa. Quase todos os escritores que conheço conseguiram encontrar alguém que fosse ao mesmo tempo um amigo e um crítico. Você vai saber quando tiver encontrado a pessoa certa. É como encontrar um companheiro e sentir que, aos poucos, você está se adaptando a um formato que sempre o esteve esperando.

CARTAS

Quando você não sabe mais o que fazer, quando está realmente atolado, tomado pelo desespero, pela autodepreciação e pelo tédio, mas não pode simplesmente largar seu trabalho por um tempo e esperar, talvez seja bom tentar contar parte da sua história – parte da história de um personagem – sob a forma de carta. A informalidade da carta talvez o libere da tirania do perfeccionismo.

Você pode endereçar a carta a seus filhos, seus sobrinhos ou a um amigo. Escreva o nome dessa pessoa no topo da página e, em seguida, na primeira linha, explique que vai confiar a ela sua história porque aquela parte da sua vida significa muito para você.

Alguns dos melhores textos em minhas aulas foram escritos por pessoas que queriam contar aos filhos sobre a própria infância ou sobre a infância deles, como foram os anos pouco antes e pouco depois de eles nascerem, na primeira casa onde a família morou, ao pé da colina onde ficava aquela igrejinha, ou então os anos que o pai passou no Corpo de Paz naquela aldeia africana minúscula, brilhante e selvagem, ou como acabou indo trabalhar num baleeiro na década de 1940. Em uma das minhas turmas, um homem que havia sido criado em uma família de batistas fervorosos escreveu aos filhos uma carta de 200 páginas contando sua infância no Sul, a fuga de casa e os anos que passara num baleeiro no Alasca, onde se reconciliou com Deus e, mais tarde, no porto, conheceu a mãe deles. Muitos anos atrás, uma aluna escreveu à filha uma carta do tamanho de um romance sobre a vida como uma enfermeira sino-americana vivendo em São Paulo. A carta continha tudo que ela lembrava ter visto, sentido e pensado. Ela leu parte do texto para a turma. Era simplesmente lindo, íntimo, engraçado em certos trechos e triste em outros. As pessoas choraram. Depois ela o usou como argumento para um romance.

Recentemente, o editor de uma revista me pediu que escrevesse um ensaio sobre sempre ter sido uma torcedora dos Giants, mas a ansiedade em relação à publicação provocou um branco em minha mente. De início, tudo de que consegui me lembrar foi de entrar na cozinha da pequena casa cor de café onde cresci e encontrar minha mãe e meu irmão mais velho debruçados sobre o rádio, ouvindo um jogo dos Giants com tanta concentração que aquela poderia ter sido a primeira transmissão sobre Pearl Harbor. Comecei a desejar ser capaz de contar a Sam minhas histórias como torcedora, porque não queria que aquele aspecto da minha vida se perdesse, mas, no início, aquela imagem era tudo de que eu conseguia me lembrar. Então conversei com outros torcedores sobre as lembranças deles e tudo começou a voltar: o enorme espaço verde, iluminado demais, que é o Candlestick Park e como ir até lá parecia estar entrando no mundo de Oz. Eu me lembro que ficava preocupada pensando que certamente seriam necessários vinte jogadores para cobrir todo aquele espaço, mas só havia três.

"Querido Sam", escrevi no topo da página, "quero lhe contar como eu adorava o San Francisco Giants quando era criança." Enquanto eu escrevia, em vez de imaginar o editor olhando por cima do meu ombro com um olhar suspeito, visualizei Sam sentando-se para ler aquele texto um dia, como ficaria feliz por eu ter colocado tudo aquilo no papel. Comecei a contar a ele minhas lembranças da terra estranhamente avermelhada dos caminhos para as bases, do estrondo dos treinos de rebatidas, da sensação de fazer parte de uma turba saudável, de uma pulsação, de um batimento cardíaco coletivo. Liguei para amigos e comparei anotações sobre a emoção de se sentir parte de um grande esforço no qual as pessoas estavam ganhando, perdendo, triunfando e sendo humilhadas, só que, daquela vez, o centro das atenções não era você. Depois contei isso a Sam, no papel. Aos poucos, entendi o motivo maior do esporte: nos devolver a nós mesmos. Somos animais que vivem em multidões, uma espécie altamente gregária e comunicativa, mas a cultura, a idade e todo o medo que preenche nossos dias colocaram quase todos nós em pequenas caixas, sozinhos. Mas, se amamos o esporte, ele nos devolve a nosso lugar na multidão e nos recupera.

Então, escrevi tudo isso em minha carta para Sam e, aos poucos, lembranças, detalhes, fatos e sentimentos se misturaram. Como a foto de uma polaroide, a carta foi se revelando e dela surgiu o ensaio, claro e brilhante, cheio de aromas e sons, cheio de esperança – pois o esporte, como a vida, pulsa com esperança, senão não existiria – e cheio de mim, para que Sam e seus filhos o leiam um dia.

BLOQUEIO DE ESCRITOR

Poucas experiências são tão deprimentes quanto o estado de ansiedade improdutivo conhecido como bloqueio de escritor, no qual você fica sentado, olhando para uma página em branco como se fosse um cadáver, sentindo sua mente congelar e seu talento se esvair. Ou então olha para as anotações feitas recentemente e elas parecem ter sido rabiscadas por um maníaco. E, ao mesmo tempo, você sabe que um amigo próximo, que também é escritor, está trabalhando a todo vapor, produzindo em série histórias, roteiros, livros infantis e até mesmo a maior parte de um romance como se fosse uma fábrica enlouquecida de cabos de panelas, com seus produtos saindo pelas janelas porque lá dentro não há espaço suficiente para tamanha produtividade.

O bloqueio de escritor vai acontecer com você. Ao ler o pouco que escreveu ultimamente, você verá com absoluta clareza que aquilo é uma droga. Um estágio maníaco de maravilhosa produtividade pode se interromper e, de repente, você percebe que é o Willy Coiote, que passou da beirada do penhasco e está prestes a ter que olhar para baixo. Ou então você não consegue escrever absolutamente nada há algum tempo. O medo de nunca mais voltar a escrever o atingirá quando se sentir não apenas perdido, mas incapaz de encontrar algumas migalhas que possam identificar o caminho que estava seguindo, ou quando estiver no limite da falta de energia e de fé. Talvez você sinta que escrever um romance é como tentar aplainar uma montanha com uma broca de dentista. Tudo parece sem esperança e sombrio e você não é suficientemente criativo nem organizado para abrir caminho até um panorama melhor, isso sem mencionar a possibilidade de chegar a uma conclusão interessante. Você sabe de onde veio cada ideia, citação e imagem; nenhuma delas é nova. Está tão familiarizado com o que escreve que todas as suas palavras parecem lugares-comuns. Os escritores são como aspiradores de pó, sugando tudo o que conseguem ouvir, ler, pensar, sentir e articular. Somos mímicos, papagaios – escritores. Mas o conhecimento das fontes de todo o nosso material nos priva de sua magia, pois ele nos parece mundano, clichê; você não precisava descobri-lo porque ele já estava lá para que todos vissem. Talvez você comece a sentir que está tentando fazer com que uma refeição congelada dê a impressão de ser comida caseira.

Todos nós já passamos por isso, e parece que é o fim do mundo. É como se um pequeno pássaro fosse atingido por uma bomba de hidrogênio. Mas aqui está o segredo: eu não penso mais nisso como um bloqueio. Acho que isso é olhar o problema pelo ângulo errado. Se sua mulher o tranca fora de casa, seu problema não é com a porta.

A palavra *bloqueio* sugere que você está constipado ou atolado, quando, na verdade, está vazio. Como falei no capítulo anterior, esse vazio, assim como a vergonha e a frustração que o acompanham, pode destruir alguns escritores. Você sente que os deuses da escrita lhe deram alguns dias bons, talvez o suficiente para escrever um ótimo livro e parte de outro. Mas agora você está tendo alguns dias ou semanas de vazio, como se, de repente, esses mesmos deuses estivessem dizendo: "Chega! Não me perturbe! Já fizemos tudo o que podíamos por você. Por favor! Temos nossos próprios problemas."

A questão é a aceitação, algo que aprendemos a não fazer. Aprendemos a melhorar situações incômodas, a mudar coisas, a aliviar sentimentos desagradáveis. Porém, se aceitar a realidade que lhe foi apresentada – de que não está num período produtivo de criação –, você se libertará e começará a se reabastecer novamente. Em momentos assim, incentivo meus alunos a escreverem uma página sobre qualquer coisa, 300 palavras de memórias, sonhos ou fluxo de consciência sobre como eles odeiam escrever – sem um motivo específico, só para evitar que seus dedos enferrujem, apenas para que tenham o compromisso de tentar escrever 300 palavras por dia. Então, em dias e semanas ruins, isso é tudo.

LEMBRO-ME QUASE DIARIAMENTE de algo que uma médica me disse seis meses antes de Pammy morrer. Aquela médica sempre me dava respostas diretas. Ao ligar para ela certa noite, eu estava esperando que ela pudesse dar uma perspectiva positiva a alguns acontecimentos preocupantes. Ela não podia, mas disse algo sobre Pammy que mudou minha vida: "Observe-a atentamente, porque ela está ensinando você a viver."

Lembro disso quando não consigo trabalhar: viver como se estivesse morrendo, porque a verdade é que todos nós somos pacientes terminais nesta clínica. Viver como se estivéssemos morrendo nos dá a chance de vivenciar uma presença real. O tempo é muito intenso para as pessoas que têm consciência de que estão morrendo, tanto quanto para as crianças. Elas aproveitam as horas. Então, em vez de ficar olhando para a tela do computador, me sentindo infeliz e tentando me forçar a ter uma grande ideia, digo a mim mesma: "Certo, vamos ver. Vou morrer amanhã. O que devo fazer hoje?" Depois posso decidir ler Wallace Stevens pelo resto da manhã, ir à praia ou simplesmente participar do cotidiano. Qualquer uma dessas opções dará início ao processo que me reabastecerá de observações, sabores, ideias, visões, lembranças. Talvez eu queira escrever no meu último dia na Terra, mas também vou estar ciente de outras opções que podem parecer pelo menos igualmente importantes. Acho que eu gostaria de manter a simplicidade em qualquer coisa. E gostaria de estar presente.

QUANDO VOCÊ ESTÁ começando, há um milhão de motivos para não escrever, para desistir. Por isso é extremamente importante se comprometer a terminar trechos e histórias, ir até o fim. As vozes desencorajadoras vão persegui-lo. "Isso é tudo bobagem", dirão e pode ser que tenham razão. Talvez você esteja apenas praticando. Mas é assim que vai melhorar e não faz sentido praticar se você não for até o fim.

Passei por uma verdadeira crise após ter escrito cerca de dois terços do meu último romance. A verdade é que eu havia recebido 27 críticas negativas seguidas a respeito do livro anterior e estava me sentindo um pouquinho insegura com relação à minha capacidade e à alegria de ser publicada. Porém, durante aquela crise, assumi um compromisso com os personagens no novo romance e não com o livro em si. Eu ficava sentada na frente da escrivaninha um pouquinho todo dia, simplesmente escrevendo lembranças da minha família, da minha juventude. Eu saía para passear, ia a muitas matinês e lia. Passava todo o tempo que podia fora enquanto esperava que meu inconsciente abrisse uma porta e me chamasse.

E finalmente aconteceu. Não tive um lindo momento comovente no qual joguei a cabeça para trás, sorri, esfreguei as mãos e voltei a trabalhar. Foi mais parecido com uma infecção alimentar. Lá estava eu pensando na vida e, no momento seguinte, corri para a escrivaninha com uma urgência que não acreditava que fosse possível.

Renunciar ao papel de controlador do seu destino ajuda. Na verdade, toda a energia que gastamos para fazer com que tudo continue a funcionar não é o que faz com que tudo funcione direito. Somos insetos lutando num rio, perfeitamente visíveis para as trutas embaixo de nós. Tendo isso em mente, pessoas como eu criam todas essas regras para ter a ilusão de que estamos no controle. Preciso dizer a mim mesma: "Elas não são necessárias, querida. Aproveite os prazeres de ser um inseto. Seja gentil com os outros, pegue um pedacinho de alga, observe como é bonito o movimento de suas pernas de inseto."

TODAS AS BOAS histórias estão por aí, esperando para serem contadas de uma maneira nova e arrebatadora. Mark Twain afirmou que Adão foi o único homem que, ao dizer uma coisa boa, tinha certeza de que ninguém jamais dissera aquilo antes. A vida é como um centro de reciclagem no qual todas as preocupações e dramas da humanidade são reaproveitados várias vezes pelo Universo. Mas o que você deve oferecer é sua própria sensibilidade, talvez seu próprio senso de humor, sua experiência ou seu significado pessoal. Todos nós podemos cantar a mesma música e ainda assim haverá bilhões de interpretações diferentes. Algumas pessoas a cantarão espontaneamente, outras vão praticar até poder cantar num grande concerto. De qualquer maneira, tudo de que precisamos para contar nossas histórias de maneira razoável e empolgante já existe dentro de cada um de nós. Tudo de que você precisa está na sua cabeça e nas suas lembranças, em tudo o que seus sentidos oferecem, em tudo o que você viu, pensou e absorveu. No seu inconsciente, onde a verdadeira criação acontece, está a criança ou o personagem do Dr. Seuss no celeiro, ajeitando e costurando tudo. Quando eles estiverem prontos para lhe entregar algo – um parágrafo ou um movimento repentino de um personagem que vai mudar todo o curso de sua história –, a responsabilidade estará em suas mãos. Enquanto isso não acontece, enquanto o alfaiate está trabalhando, você pode ir respirar um pouco de ar fresco. Escreva suas 300 palavras e depois saia para dar uma caminhada. Senão vai querer continuar tentando produzir e isso só vai atrapalhar. Seu inconsciente não consegue trabalhar quando você o pressiona. Você vai ficar sentado, pensando: "Já acabou? Já acabou?" Mas seu inconsciente estará tentando dizer gentilmente: "Cale a boca e vá embora."

PARTE QUATRO

Publicação
– e outros motivos para escrever

REDIGIR UM PRESENTE

A publicação não vai mudar sua vida nem resolver seus problemas, não o tornará mais confiante nem mais bonito e provavelmente também não o deixará nem um pouco mais rico. Haverá um longo processo até o dia do lançamento e, depois, as celebrações terminarão bem rápido. Falaremos bastante sobre isso em breve. Por enquanto, vamos discutir alguns dos outros motivos para escrever que talvez surpreendam um autor, mesmo que ele não tenha desistido de ser publicado. Há áreas cheias de potencial para ricas recompensas que podem realmente modificar sua vida e sua noção de si mesmo e de abundância.

Por duas vezes escrevi livros que começaram como presentes a pessoas que eu amava e que iam morrer. Falei um pouco sobre o diagnóstico de câncer no cérebro de meu pai, sobre como, de repente, eu tinha uma história triste para contar. Era uma história cheia de drama e humor sobre um pai e seus três filhos quase crescidos que moravam em uma cidade minúscula cheia de hippies que estavam envelhecendo, radicais que viviam de renda, artistas, pessoas new age e gente comum, seja lá o que isso signifique. De repente tinham puxado o tapete de nossa família: meu pai tinha uma doença terminal e ia morrer.

Então comecei a escrever sobre nossa nova vida. Registrei momentos dos meus irmãos, enquanto tentávamos ajudar nosso pai e uns aos outros, procurando manter nosso senso de humor, buscando encontrar sentido em tudo aquilo e dizendo o que realmente passava por nossa cabeça. Muitas descrições dos habitantes da cidade e das paisagens que eu havia escrito anteriormente ainda me agradavam e podiam ser usadas. Mas o melhor era o que meu pai e meus irmãos estavam vivendo naquele exato momento. Eu anotava as coisas engraçadas que eles diziam, os momentos de ternura, o humor ácido, a estranheza de tudo aquilo. Depois comecei a dar forma ao material, criando histórias autônomas. Mostrei-as ao meu pai, que achou ótimo o fato de tanta dor, medo e perda estarem sendo transformados em uma história de amor e sobrevivência. Ele me devolvia as páginas, levantava o punho numa saudação de força e sorria. Era o suficiente para me fazer continuar. Em certo sentido, eu estava dando a ele uma carta de amor. Ele nunca escreveu sua versão da história, mas o milagre foi que terminei a minha enquanto o cérebro dele ainda funcionava. Ele conseguiu ler tudo. Soube que ele e sua história sobreviveriam depois que ele despisse aquela fantasia e fosse para o além.

Outro incentivo ao meu primeiro romance foi que me vi desesperada em busca de livros que falassem sobre câncer de uma maneira que, ao mesmo tempo, iluminasse a experiência e me fizesse rir. Mas não havia muitos livros assim. Na verdade, que eu soubesse, só havia um, *Intimations of Morality* (Intimações da moralidade), de Violet Weingarten, um diário da sua quimioterapia, do qual retirei a epígrafe de meu livro: "A vida é curta demais para aturarmos desaforos ou é curta demais para nos importarmos com eles?" Eu o li várias vezes, algumas em voz alta para meus irmãos ao telefone, depois fui à biblioteca e perguntei: "Vocês têm outros livros realmente engraçados sobre câncer?" E eles olharam para mim como se dissessem: "Sim, estão logo ali, perto das comédias sobre hidrocefalia." Não parecia haver nenhum outro. Um livro sobre nossa experiência, mostrando a tentativa de nossa família de se manter alegre diante de um processo potencialmente tão arrasador, poderia ser um presente para outras pessoas com parentes doentes. Foi tudo o que tentei fazer, contar a história de nossa família, porque, com enorme apoio dos nossos amigos, houve riso e alegria em meio ao medo e à perda. Aquilo ajudou a que os últimos meses e a morte de meu pai transcorressem da melhor maneira possível. Na verdade, posso dizer que foi ótimo. Difícil e totalmente arrasador, mas ótimo.

É claro que nem todo mundo adorou meu livro. Algumas críticas foram terríveis. Minha favorita foi a de um jornal de Santa Bárbara que disse que nosso humor nos fazia parecer uma Família Addams new age. "Aqui está sua resenha de Santa Bárbara, onde as pessoas nunca morrem", dizia o bilhete que meu editor enviou junto com o recorte do jornal.

Quinze anos depois, minha amiga Pammy recebeu o diagnóstico de câncer de mama. Eu estava escrevendo um diário sobre meu filho recém-nascido, que ela me ajudava a criar, por isso a maioria dos registros já a incluíam. De repente, descobrimos que não a teríamos por perto por muito tempo. Então comecei a digitar os registros do diário e mandá-los para meu agente. Sam estava crescendo, Pammy estava ficando mais doente e eu escrevia o mais rápido que podia, tentando terminar a tempo de que ela lesse. Consegui. Entreguei-lhe uma cópia da versão final quatro meses antes de sua morte. Foi outra carta de amor, sobretudo para Sam, Pammy e Rebecca, a filha dela. Pammy sabia que alguma coisa sobreviveria no papel depois que ela tivesse ido embora, algo que seria, de certa maneira, parte de sua imortalidade.

Mais uma vez, algo dentro de mim dizia que meu diário podia ser um presente para os outros, para mães solteiras. Quando Sam nasceu, não encontrei nenhum livro sobre pessoas que criavam os filhos sozinhas que fosse engraçado e doentio, ou seja, verdadeiro. Havia ótimos livros sobre criação de filhos, mas nenhum que me fizesse rir ou que abordasse o lado ruim. Eram todos muito agradáveis e racionais e sugeriam que, sem dúvida, se você fizesse isso ou aquilo, aquela gracinha de criatura com cólicas ia tomar jeito e se comportar. Aquilo simplesmente não era verdade. Ter um bebê é como, de repente, ter o pior colega de quarto do mundo, é como receber na sua casa Janis Joplin de ressaca e TPM. Todos os livros disponíveis sobre bebês recomendavam coisas como ruído branco para aliviar o geniozinho esganiçado. Então eu me sentava ao lado de Sam e ouvia fitas com sons de rios, grilos, corujas e sapos e ele me olhava preocupado por um instante como se quisesse dizer: "Você está louca? Por que não põe uma fita com lutas de tubarões?" Em seguida, ele começava a chorar *mesmo*.

Eu teria me sentido muito aliviada se houvesse encontrado um livro escrito por outra mãe que admitisse que, às vezes, tinha vontade de pegar o bebê pelos tornozelos e rodá-lo como se fosse um facão. Então fui em frente e comecei a escrever um livro assim como um presente, uma espécie de manual para as outras mães.

Eu também teria ficado muito aliviada se, depois de Pammy ter adoecido, quando Sam tinha apenas 8 meses, eu houvesse encontrado um livro verdadeiro e engraçado sobre a perda de sua melhor amiga. Então acabei tentando escrever esse livro, intercalando as histórias de Sam e de Pammy, para eles dois e também para qualquer pessoa que conheça alguém como eles.

UNS DOIS ANOS mais tarde, alguns meses após Pammy ter morrido, um casal de amigos próximos teve um bebê que nasceu com tantos problemas que acabou morrendo aos 5 meses. Comecei a me perguntar se eu era alguma espécie de veículo. Sam e eu passamos muito tempo com aquele casal e seu filho. Eles fizeram um trabalho tão incrível e, junto com o bebê, me ensinaram tanta coisa que quis escrever sobre aquilo como um presente para os pais, para que o filho deles continuasse vivendo. Então, durante todos os meses em que Brice esteve vivo, fiz anotações em fichas sem saber se realmente escreveria uma história sobre ele. Eu observava tudo o que acontecia dentro de mim: como eu automaticamente penso que se fechar é seguro, mas o que é realmente seguro é se manter aberto e carinhoso, porque assim ficamos conectados com a vida e o amor. Também percebi Sam observando Brice e fiz algumas anotações. Eu me sentia constrangida e vagamente envergonhada porque boa parte do que havia escrito naqueles tempos era sobre sofrimento e morte; apesar de tudo, me permiti fazer anotações.

Brice morreu em maio. Cerca de um mês depois, tive a oportunidade de escrever um ensaio de três minutos para um programa de rádio sobre o assunto que eu quisesse e perguntei aos pais de Brice se seria invasão de privacidade escrever sobre o filho deles. Eles disseram que não, pelo contrário. Então sentei com minhas fichas, olhei para o pequeno porta-retratos e comecei a escrever:

Mês passado Sam viu uma pessoa morta pela primeira vez. O bebê de um casal de amigos nossos morreu e fomos passar a manhã com eles e o corpo do menino. A criança tinha 5 meses e pesava menos do que quando nasceu. Vestia um traje branco de batismo e estava em uma grande cesta em cima do berço, coberto com pétalas de flores da cintura para baixo, branco como uma rosa. Havia flores e relicários por toda parte, estátuas de Buda e fotos de Sua Santidade, o Dalai-Lama (porque a mãe é budista), e de Jesus (porque o pai é cristão). Brice parecia um anjinho preocupado vindo de algum lugar cheio de neve. Nenhum de nós, nem mesmo Sam, conseguia tirar os olhos dele. Ele parecia Deus.

"Você fez o quê?", perguntaram meus parentes. "Levou Sam para ver o quê?", como se dissessem: "O que você vai levá-lo para

ver da próxima vez? Uma neurocirurgia?" Eu não conseguia explicar por que achava que aquilo era certo, só lembrava que havia aprendido a sentir pavor de doença e morte (especialmente de uma morte prematura e também, ironicamente, do envelhecimento) e achava que aquilo havia comprometido muito minha vida. É claro que quero algo melhor para Sam.

Muitos dos meus amigos morreram de câncer e de aids. Mas Brice foi a primeira pessoa morta que Sam viu. Ele não pareceu assustado. Talvez porque Brice estivesse tão lindo. Ele já era um veterano no assunto: havia morrido logo após o parto e foi ressuscitado sete minutos depois; assim, nasceu pela segunda vez, mas havia se passado tempo demais. Seus olhos eram de um cinza profundo e estavam sempre abertos; ele nunca chorava, mas também não sorria nem piscava.

Os amigos budistas da mãe de Brice o chamavam de Menino Nuvem, porque ele estava suspenso entre o céu e a terra, não exatamente aqui nem lá. Os amigos cristãos do seu pai preparavam boa parte das refeições. Todos o seguravam e ninavam. Sam e eu passamos muito tempo lendo para ele, sobretudo livros do Dr. Seuss.

"Ele é um bom bebê", Sam assegurou aos pais de Brice um dia. Sem saber como tomariam conta dele, os pais levaram Brice para casa com três semanas de vida porque não queriam que ele morresse no hospital. Queriam apenas que ele ficasse em casa na companhia deles e dos amigos. Foi incrível participar daquilo tudo. Algumas pessoas viam Brice como uma tragédia, achavam que os pais eram loucos por não o deixarem no hospital. O restante de nós se sentia incrivelmente triste, mas também achava que talvez estivesse na presença de algo sagrado, algo que não tinha a ver com personalidade, caráter nem idade.

"Ele é um bom bebê", disse-me Sam um dia no carro após termos passado um tempo lendo para Brice. "Mas é um pouco fedido."

Quando Brice morreu, seus pais me telefonaram e perguntaram se eu e Sam podíamos ir até lá. Eles estavam tristes, mas tranquilos. Naquela manhã, Sam levou dois presentes para o bebê. O primeiro era uma bola, para brincar do outro lado. O outro era um carrinho que viajava no tempo, do filme De volta para o futuro. *Os pais de Brice e eu ainda estamos tentando entender este último presente.*

Mais tarde naquela manhã, levei Sam ao boliche. Era outra grande novidade para ele. Era tudo tão ridículo e real que parecia meio sagrado. Jogamos boliche nas pistas infantis durante uma hora. "Você o levou aonde?", perguntaram meus parentes. E eu não pude explicar por que fizera aquilo. Tinha algo a ver com o desejo de me livrar da solenidade, de completar o ciclo de vida e morte. O boliche é a vida no que ela tem de mais imediato: você arremessa uma bola e os pinos caem, às vezes. E eu também queria mostrar a Sam que o sagrado continua, não importa quantas bolas você arremesse contra ele.

Li o texto para os pais de Brice antes de levá-lo ao ar na rádio. Eles ligaram para todas as pessoas que conheciam. Avisaram quando seria a transmissão e a gravaram. Embora Brice sempre vá estar vivo no coração deles, assim como Pammy e meu pai sempre estarão vivos no meu – e talvez essa seja a única maneira de realmente termos alguém –, sempre haverá algo a ser dito para pintar retratos das pessoas que amamos, para tentar expressar aqueles momentos que parecem tão indescritivelmente bonitos, momentos que nos transformam e nos tornam mais profundos.

TONI MORRISON DISSE que "a função da liberdade é libertar o outro" e, se você não está mais nem destruído nem preso a uma pessoa ou estilo de vida, conte sua história. Arrisque-se a libertar outra pessoa. Nem todos ficarão felizes com isso. Parentes e outros críticos talvez preferissem que você tivesse guardado seus segredos. Bem, o que você vai fazer? Escreva. Ponha tudo para fora, no papel. Faça um primeiro esboço incrivelmente ruim, autocomplacente, queixoso e choroso. Depois remova todas as desculpas que puder.

Uma coisa que não contei sobre meu famoso conto "Arnold" é que, além de mandá-lo repetidamente à agente de meu pai, também o enviei ao editor de uma grande revista. Ele o devolveu com o seguinte bilhete: "Você cometeu o erro de pensar que tudo que aconteceu na sua vida é interessante." Nem preciso dizer que me senti humilhada. Mas aquele bilhete acabou me ajudando, porque não me fez parar. Mesmo assim, foi com grande apreensão que me sentei para escrever a história da doença do meu pai, por causa do erro que o editor disse que eu havia cometido – e que, de fato, eu *havia* cometido. Tentei com todas as forças não cometê-lo novamente. Então, primeiro escrevi tudo o que havia acontecido conosco, depois retirei as partes que pareciam autocomplacentes. Eu não estava tentando pegar carona na história: só queria escrever um livro para meu pai que também pudesse ajudar alguém que estivesse passando por uma situação semelhante. Algumas pessoas talvez tenham achado o livro pessoal ou confessional demais. Mas o que elas pensam de mim não é problema meu. Consegui escrever livros sobre meu pai e minha melhor amiga e eles conseguiram lê-los antes de morrer. Já pensou? Escrevi para uma plateia de duas pessoas que eu amava e respeitava e que me amavam e me respeitavam. Escrevi para elas da maneira mais carinhosa e verdadeira possível – o que, nem preciso dizer, é como eu gostaria de escrever o tempo todo.

ENCONTRANDO A SUA VOZ

Certa vez, ouvi um ator falar sobre a tentativa de encontrar Deus no mundo moderno e como procuramos, ao contrário, todas as coisas mundanas – bens, dinheiro, aparência e poder –, acreditando que elas vão nos satisfazer. Mas isso se revela uma piada, porque todas essas coisas são apenas acessórios e, quando nos despedimos desta vida, temos de devolvê-las ao aderecista-chefe no céu. "É apenas um empréstimo", disse o ator, "essas coisas não são nossas." Aquela fala mudou minha opinião sobre o fato de meus alunos emularem seus escritores favoritos, me ajudou a ver que é natural assumir o estilo de outra pessoa, que se trata de um adereço que usamos por um tempo até termos que devolvê-lo. Assim, você pode chegar àquilo que não é apenas um empréstimo, que é real e verdadeiro: sua própria voz.

Muitas vezes, peço que meus alunos escrevam brevemente na aula o motivo pelo qual querem escrever, o motivo para terem se inscrito em meu curso, o que os está impulsionando a fazer aquele trabalho ora excruciante, ora enfadonho. E eles costumam dizer: "Não vou ser silenciado novamente." Meus alunos foram boas crianças que muitas vezes se sentiram invisíveis e viram algumas coisas terríveis. Mas, em algum momento, pararam de contar o que viam, porque, quando o faziam, eram punidos. Agora querem olhar para suas vidas – e para a vida em geral – e não pretendem ser mandados para o quarto. Mas é muito difícil encontrar a própria voz, e assumir a voz de outra pessoa é uma tentação.

Toda vez que Isabel Allende lança um novo livro, fico feliz porque vou poder lê-lo e triste porque metade dos meus alunos vai começar a escrever como ela. Adoro o trabalho de Isabel Allende. Quando leio seus livros, sinto como se estivesse sentada diante de uma fogueira à noite enquanto eles contam suas histórias arrebatadoras. Entendo por que esse estilo é tão atraente para meus alunos: é simples e bonito, com cores fortes, velhas formas agradáveis e muita sofisticação subjacente, que você sente, mas não vê realmente. Sempre acho que estou assistindo a uma peça impetuosa com muitos efeitos especiais – muitas vidas desmoronando! Mas, sobretudo, esse estilo oferece alimento para a imaginação e o deslumbramento. Adoro entrar nesses mundos fantásticos nos quais achamos que estamos olhando do lado errado do binóculo, onde tudo é minúsculo, bonito e rico porque a vida real muitas vezes é grande, confusa, dolorosa e monótona. Mas quando alguém como Isabel Allende dá brilho e transforma seus personagens, suas vidas, famílias e fantasmas, criando curvas e formas universais, o texto nos toca de tal maneira que pensamos: "Isso! A vida é exatamente assim."

Adoro o fato de meus alunos quererem causar esse efeito. Mas seus textos nunca soam verdadeiros, assim como não soam verdadeiros alguns meses mais tarde, quando o novo livro de Ann Beattie é lançado e eles começam a entregar histórias sobre taças e janelas brilhantes. Vivemos a vida na superfície, e Ann Beattie cria lindas superfícies, polindo-as, ressaltando os detalhes. Porém, quando meus alunos escrevem como ela, as histórias tendem a ser mornas. "A vida já é suficientemente morna! Queremos um pouco de calor!", digo a eles. Se vou ler sobre um bando de pessoas que dirigem fuscas e parecem ter problemas do tamanho de um fusca e o escritor as mostra dirigindo em cima do gelo, quero ter a sensação de que há muita água fria por baixo. No final, quero que alguém fure o gelo. Quero pessoas que escrevam para quebrar o gelo ou mergulhar abaixo da superfície, onde a vida é muito fria, confusa e difícil de enxergar. Quero escritores que mergulhem nos buracos que tentamos tapar com todos os adereços. Nesses buracos e nos espaços em volta deles existe todo tipo de possibilidade, inclusive a chance de ver quem somos e de vislumbrar o mistério.

Os grandes escritores continuam a escrever sobre aquele lugar frio e escuro dentro de nós, a água embaixo do lago congelado ou o buraco escondido e camuflado. A luz que lançam sobre esse buraco, esse poço, nos ajuda a cortar ou contornar o mato ou os arbustos espinhosos; depois, podemos dançar à beira do abismo, gritar para dentro dele, medi-lo, jogar pedras lá dentro e, mesmo assim, não cair. Ele não pode mais nos engolir. E nós podemos seguir em frente.

CERTA VEZ, UM amigo me disse: "Quando eu bebia, era um monstro sedado. Desde que fiquei sóbrio, sou apenas um monstro." Ele me falou sobre esse monstro. Parecia o meu, só que sem tanto rímel. Quando as pessoas iluminam um pouco o próprio monstro, descobrem como ele se parece com o dos outros. O segredo, a escuridão e o fato de esses monstros só poderem ser intuídos nos causam a impressão de que eles são muito maus. Mas, quando as pessoas deixam seus monstros saírem para uma breve entrevista, descobrimos que todos nós fizemos ou pensamos as mesmas coisas, que essa é a nossa sina, a nossa condição. Não terminamos com uma marca na testa. Em vez disso, comparamos anotações.

Escrevemos para expor o que está escondido. Se existe no castelo uma porta que disseram para você não abrir, você deve abri-la. Senão vai apenas ficar rearrumando móveis em aposentos nos quais já esteve. A maioria dos seres humanos se dedica a manter aquela porta fechada. Mas a tarefa do escritor é ver o que está por trás dela, ver as coisas sombrias e indizíveis e transformá-las em palavras – não em palavras quaisquer, mas, se possível, em música.

Você não pode fazer isso sem encontrar sua própria voz. E não poderá encontrá-la, espiar atrás da porta e nos relatar com sinceridade e clareza o que viu se seus pais estiverem lendo por cima do seu ombro. Para começo de conversa, provavelmente foram eles que lhe disseram para não abrir aquela porta. Você pode perceber se eles estão lá porque uma vozinha vai dizer: "Opa, não diga isso, é segredo" ou "Isso é um palavrão" ou "Não diga a ninguém que você se masturba. Todo mundo vai começar a fazer a mesma coisa". Você precisa respirar, rezar ou fazer terapia para mandá-los embora. Escreva como se seus pais estivessem mortos. Falaremos sobre difamação mais à frente.

"Mas por quê?", perguntam meus alunos, me olhando fixamente. "Por que devemos abrir todas essas portas? Por que devemos dizer a verdade com nossa própria voz?" Eu olho para eles por um instante e digo que acho que é porque isso faz parte da nossa natureza. Também acho que a maioria dos seus personagens, assim como as crianças, acredita que, se a verdade fosse conhecida, eles seriam vistos como pessoas boas. A verdade parece querer ser expressa. A verdade não reconhecida consome sua energia e faz com que você e seus personagens continuem presos e delirantes. No entanto, ao abrir a porta do armário e deixar qualquer coisa sair, você pode sentir uma descarga de libertação e até de alegria. Se acreditarmos no evangelho gnóstico de Tomé, Jesus disse: "Se você revelar o que está dentro de você, aquilo que revelar poderá salvá-lo. Se você não revelar o que está dentro de você, aquilo que não revelar poderá destruí-lo."

E a verdade da sua experiência *só* pode ser revelada pela sua própria voz. Se estiver embrulhada pela voz de outra pessoa, nós, leitores, ficaremos desconfiados, como se você estivesse vestindo roupas que não lhe pertencem. Você só pode escrever a partir daquele lugar grande e escuro que é seu, não de outra pessoa. Às vezes, usar o estilo de outro escritor é muito reconfortante, aconchegante, bonito e brilhante e pode fazer com que você se solte, se sintonize com os prazeres da linguagem, do ritmo e da preocupação. Mas o que disser será uma abstração, porque não terá nascido de uma experiência direta: ao tentar captar a verdade da sua própria experiência na voz ou nos termos de outra pessoa, você estará se afastando um pouco mais daquilo que viu e daquilo que sabe.

A verdade ou realidade, não importa como queira chamá-la, é o alicerce da vida. Um senhor da minha igreja que tem quase 100 anos disse um dia: "*Deus* é o seu lar." Passo essa frase adiante porque todos os personagens interessantes com os quais já trabalhei – inclusive eu mesma – tinham em seu âmago uma sensação de alteridade, de nostalgia. E é maravilhoso observar alguém finalmente abrir aquela porta proibida que o manteve afastado. O que é exposto não é a baixeza das pessoas, mas sua humanidade. No fundo, a verdade, ou realidade, é nosso lar.

Olhe para as duas extremidades. Talvez você encontre a verdade em Samuel Beckett – estamos bastante sozinhos e tudo isso é assustador e incômodo, fede a chulé, e o máximo que podemos esperar é que, de vez em quando, alguém ofereça uma mãozinha, um trapo ou uma palavrinha de encorajamento quando estivermos afundando. A redenção em Beckett é muito pequena: no segundo ato de *Esperando Godot*, uma folha brota do ramo estéril de uma árvore. Apenas uma folha. Não é muito; mesmo assim, Beckett não cometeu suicídio. Ele escreveu.

Ou talvez a verdade para você esteja no outro extremo – Deus está por toda parte, todos nós estamos onde devemos estar e, um dia, mais coisas nos serão reveladas. Talvez você ache que

Wordsworth ou Rumi tinham razão, ou então Stephen Michell ao escrever sobre Jó: "O corpo físico é reconhecido como pó; os sonhos pessoais, como ilusão. É como se o mundo que percebemos por meio de nossos sentidos, todo esse maravilhoso e terrível espetáculo, fosse a tênue superfície de uma bolha e todo o resto, dentro e fora, fosse puro esplendor. Assim, tanto o sofrimento quanto a alegria se manifestam como um breve reflexo e a morte, como um alfinete."

Mas você não pode chegar a nenhuma dessas verdades simplesmente sentando-se num campo, sorrindo beatificamente, evitando sua raiva, mágoa e tristeza. A raiva, a mágoa e a tristeza são o caminho para a verdade. Não teremos muita verdade a expressar se não tivermos entrado naqueles aposentos, armários, florestas e abismos nos quais nos disseram para não entrar. Depois de entrarmos lá e darmos uma boa olhada à nossa volta, simplesmente respirando e, finalmente, absorvendo tudo, seremos capazes de falar com nossa própria voz e de permanecer no momento presente. E esse momento é o nosso lar.

DOAR-SE

Annie Dillard disse que, a cada dia, você deve dar o seu melhor ao trabalho à sua frente, sem poupar nada para projetos futuros. Se você se entregar livremente, sempre haverá mais. Essa é uma proposta radical, muito contrária à natureza humana – ou pelo menos à minha natureza – e continuo tentando encontrar alguma falha nela. Mas é só quando sigo em frente e decido dar vazão à minha literatura e criatividade todos os dias que consigo sentir que estou totalmente presente. Senão fico parecendo um pequeno roedor escondendo e amontoando coisas, me preocupando com o estoque. A artrite surge nas minhas mãos e nas mãos que meu cérebro está usando para dar forma às coisas, nas mãos daquela criatura no porão que quer e precisa usar todos os seus trapos favoritos que estão guardados.

Você vai precisar se doar o tempo todo, do contrário não há motivo para continuar escrevendo. Precisará doar o que há de mais profundo em você e o ato de se doar será a própria recompensa. Não há uma importância cósmica no fato de conseguir que algo seja publicado, mas sim no fato de aprender a ser um doador.

Quando você oferece tudo o que tem a seus personagens e leitores, seu trabalho como escritor fará com que você se sinta como um pai solteiro de uma criança de 3 anos, que é, ao mesmo tempo, maravilhosa, teimosa, terrível, enlouquecedora e adorável.

As crianças pequenas têm a capacidade de fazer com que você se sinta como se tivesse violado uma lei do Alcorão pessoal delas e devesse morrer, infiel. Outras vezes, elas esticam a mão e o tocam como avós carinhosos no leito de morte, tentando memorizar seu rosto com os dedos. Certa noite, quando Sam tinha mais ou menos 3 anos e meio, estávamos na cama e ele tocou com ternura minhas bochechas, como se elas estivessem queimadas de sol.
– Adoro essa carinha – falou.
No dia seguinte, Sam estava me tratando com tanta fúria que parecia um alcoólico em abstinência.
Mas tanto seus livros quanto seus filhos são sempre seus. Você ajudou a dar vida a seu trabalho e precisa alimentá-lo diariamente, ajudá-lo a se manter saudável, dar conselhos e amá-lo quando ele o ignora.
Nosso filho de 3 anos e nosso trabalho em andamento nos ensinam a doar. Eles nos ensinam a nos afastarmos de nós mesmos e nos tornarmos alguém para outra pessoa. Esse provavelmente é o segredo da felicidade. Portanto, é um motivo para escrever. Você é refém do seu filho e do seu trabalho: eles o esgotam, acabam com seu sono, confundem a sua cabeça, o tratam como lixo e depois você descobre que lhe deram a pepita de ouro que sempre esteve procurando.

DUAS COISAS ME dão ânimo para doar. Uma é que comecei a pensar em quase todas as pessoas com quem tenho contato como pacientes em um pronto-socorro. Vejo muitas feridas abertas e expressões de perplexidade. Ou, como Marianne Moore costuma dizer: "O mundo é o lar de um órfão." E isso parece mais verdadeiro do que quase todas as outras coisas que sei. Mas muitos de nós podemos nos sentir aliviados ao escrever: pense em quantas vezes você abriu um livro, leu *uma* linha e pensou:

"É isso!" Também quero dar às pessoas essa sensação de conexão, de comunhão.

A outra é pensar nos escritores que me deram um livro e, depois, retribuir escrevendo para eles. Aquele presente que eles nos deram e que nós passamos para as pessoas à nossa volta foi criado com base na vida deles. Você não seria um escritor se a leitura não tivesse enriquecido sua alma mais do que outras atividades. Então retribua escrevendo um livro para V. S. Naipaul, Margaret Atwood, Wendell Berry ou qualquer outra pessoa que fez com que você sentisse vontade de escrever, cujo trabalho você adora ler. Faça o melhor possível. Um dos melhores sentimentos conhecidos pelos seres humanos é o de ser anfitrião, de receber os outros, de ser a pessoa que eles procuram quando buscam alimento e companhia. É isso que o escritor tem a oferecer.

ESTA É A melhor história sobre doação que conheço e foi contada por Jack Kornfield, do Centro de Meditação Spirit Rock, em Woodacre: um menino de 8 anos tinha uma irmã mais nova que estava morrendo de leucemia e precisava de uma transfusão de sangue. Os pais explicaram ao menino que o sangue dele provavelmente era compatível com o da irmã e que, se aquilo fosse mesmo verdade, ele poderia ser o doador. Perguntaram se podiam testar o sangue dele. Ele disse que sim. Então fizeram o teste e o sangue se revelou compatível. Depois, os pais perguntaram se ele daria à irmã meio litro de sangue e disseram que aquela poderia ser a única chance de ela sobreviver. Ele respondeu que precisava pensar durante a noite.

No dia seguinte, o menino procurou os pais e disse que estava disposto a doar o sangue. Então foi levado para o hospital, onde o colocaram em uma maca ao lado da irmã de 6 anos. Uma enfermeira coletou meio litro de sangue do menino e, em seguida, começou a transfusão. O garoto ficou deitado na maca em silêncio enquanto o sangue gotejava e penetrava na irmã até que o médico foi ver como ele estava. Então o menino abriu os olhos e perguntou: "Quanto tempo até eu começar a morrer?"

Às vezes, você precisa ser inocente assim para ser escritor. Para escrever, é necessária uma combinação de sofisticação e inocência; é preciso consciência, nossa crença de que algo é bonito porque é correto. Para ser boa, a arte precisa apontar para algum lugar. Portanto, se você perdeu a familiaridade com essa consciência inocente, é difícil ver algum motivo para ser escritor. Quase todos os meus amigos íntimos são como transtornos de personalidade ambulantes, mas sei que há inocência neles, porque posso vê-la em seus rostos, em suas decisões. Posso quase jurar que essa qualidade ainda está dentro de você, que você é capaz de mostrar um heroísmo silencioso.

A inocência sofisticada é uma dádiva. Pertence a você para ser doada. Nós, seres humanos, somos programados para sermos abertos para o mundo, e não para ficarmos fechados em uma mentalidade fortificada e defensiva. Ao se doar, você pode ajudar seus leitores a serem mais corajosos, a se tornarem melhores do que são, a se abrirem para o mundo novamente. Você não precisa ser otimista para fazer isso. Rankin, meu amigo pastor, por exemplo, descreve a si mesmo como um pessimista alegre e essa atitude é suficiente para resgatá-lo da desolação que poderia fazer com que ele permanecesse psiquicamente encolhido em posição fetal.

Ora, pense nisto: essa condição é uma ótima posição para um dos seus personagens perto do clímax, porque a eliminação dessa letargia é um grande tema. Na vida real, a maioria das pessoas não se encolhe em posição fetal para isolar os próprios sentimentos. A maioria fica dependente de relacionamentos com outras pessoas, com o trabalho, com as drogas, com o álcool ou com a comida. Mas um transe semelhante é induzido.

Talvez você sinta que seu personagem não está suficientemente bem para que a letargia seja eliminada, que ainda não está preparado. Deus sabe que punição e transe são muito mais confortáveis e comuns do que a vivacidade. É como aquela velha piada sobre negação da realidade. Uma mulher vai ao zoológico e fica totalmente encantada com a beleza e a força do gorila. Não consegue tirar os olhos dele. O animal está dormindo junto às grades da jaula e, apesar da placa de advertência, ela estica a mão para acariciá-lo. No instante seguinte, o gorila acorda e fica enlouquecido, abrindo as barras da jaula para pegar a mulher, espancando-a até quase matá-la. Finalmente, o pessoal do zoológico consegue acertá-lo com dardos tranquilizantes. A mulher é levada para o CTI quase morta, mas se recupera aos poucos. Quatro dias mais tarde, ela enfim obtém permissão para receber visitas. Sua melhor amiga aparece. A paciente mal pode abrir os olhos.

– Nossa, você parece estar sentindo muita dor – comenta a amiga.

– Dor? – retruca a paciente em meio a um suspiro. – Você não sabe o que é dor. Ele não liga, não escreve...

Essa é uma das minhas piadas favoritas porque conheço muito bem a personagem. Provavelmente, muitas pessoas a conhecem bem. Talvez ela não esteja preparada para sair da letargia ou talvez, contra todas as probabilidades, esteja. Talvez você possa dar algo para ela encontrar, fazer ou combater a fim de quebrar aquele transe. Todavia, você primeiro precisa encontrar isso dentro de si. Depois, terá que dá-lo. Talvez aquela mulher acorde. Depois, ela terá algo para doar, uma música para cantar. Talvez não seja exatamente uma música, mas apenas uma pequena ária, uma sequência de notas em um órgão, a melodia da sobrevivência.

PUBLICAÇÃO

Tudo bem, vamos falar sobre o mito da publicação.
 Digamos que você terminou seu livro, o esboço dele ou um monte de histórias e enviou para um agente. Digamos que você já *tem* um editor em algum lugar ou que um editor uma vez lhe escreveu uma carta de recusa gentil. Então você manda seu livro ou suas histórias para ele e para alguns amigos. Como já disse, sou uma daquelas pessoas que ficam fora de si no dia seguinte à postagem do manuscrito. É impossível que o tenham recebido e já me sinto amargurada e ressentida com aquela gente fria, preguiçosa e sádica por quem estou cercada. Há alguns escritores – e você pode ser um deles – que simplesmente arregaçam as mangas e começam a trabalhar no próximo projeto. Nunca consegui me relacionar com uma pessoa assim, mas sei que elas existem. De qualquer maneira, se você é como eu, fica ansioso e verifica a caixa de entrada dez vezes por dia, se sente arrasado e rejeitado a cada hora sem resposta. Por fim, se tiver sorte, uma semana mais tarde chega um bilhete do assistente de seu agente dizendo que o manuscrito foi recebido. Ou talvez um dos amigos ligue para dizer que leu parte do texto e o achou ótimo, que não há com que se preocupar, mas você segue em frente e tem um pequeno colapso nervoso de qualquer maneira enquanto espera que o agente e o editor liguem e digam que seu trabalho é brilhante. Toda vez que o telefone toca, você reza:

"Faça com que seja ele, meu Deus, *tem* que ser ele." Mas não é e, em seguida, você morre, come feito um louco e pensa que seus amigos são, em sua maioria, uns falsos. Depois se acalma. Vai dar uma caminhada. Sente-se um pouco melhor. Tenta ler algo, mas acaba lendo seu manuscrito e fica morrendo de vergonha porque o acha péssimo. Porém, quando está quase tendo um espasmo, seu amigo liga, diz que acabou de ler outro parágrafo e jura por tudo o que é mais sagrado que aquela é a melhor coisa que você já escreveu; ele ama o texto.

Então você fica bem novamente, por cerca de dez minutos.

Depois de outra semana, liga para o agente porque não aguenta mais fingir que está tranquilo, mas ele ainda não leu o manuscrito porque está cheio de coisas mais importantes a fazer. Então ele diz, com um leve traço de irritação na voz, que, assim que acabar de ler ou falar com seu editor, ligará para você. E que provavelmente está tudo perfeito.

Você tem vontade de arrebentar a cara dele. Mas, em vez disso, reza.

Depois, tem a brilhante sacada de que seu agente e seu editor estão mancomunados e aquilo que você percebeu como irritação na verdade foi o esforço para segurar a histeria. Após ficarem a manhã inteira ao telefone, lendo trechos do seu livro um para o outro, eles concordaram que aquela é a obra mais constrangedora que já foi escrita e estão morrendo de rir. (E, se você tiver um contrato com eles, vai deduzir que o editor terá que largar o telefone para falar com o departamento jurídico e verificar se eles precisam pagar a última parte do adiantamento ou se podem processá-lo para que devolva o que já recebeu.)

Mas tudo o que você faz é esperar e esperar, até que, enfim, seu agente ou editor liga e diz que o livro é ótimo e será publicado na primavera, no outono, ou em qualquer outro momento. Vai ser publicado. Depois, vêm alguns meses felizes, reescrevendo, editando, trabalhando com o preparador de texto, sendo amado e tranquilizado a cada etapa do caminho. Em seguida, ocorre o grande milagre das provas, quando você recebe o livro paginado, parecendo que uma pessoa de verdade o escreveu.

Muitas pessoas que não são escritores deduzem que a publicação é um evento extremamente alegre na vida do autor. Certamente se trata da maior e mais brilhante cenoura pendurada na frente dos olhos dos meus alunos. Eles acham que, se conseguirem publicar alguma coisa, sua vida vai mudar, de maneira instantânea e dramática, para melhor. A autoestima vai florescer, todas as dúvidas em relação a si mesmos serão apagadas como se fossem um erro de digitação. Parágrafos e manuscritos inteiros de decepção, rejeição e falta de esperança serão eliminados por um único toque na tecla "apagar" da psique e serão substituídos por uma sensação silenciosa e doce de valor e pertencimento. Depois, eles podem incendiar o mundo.

Mas não é bem isso que acontece. Ou, pelo menos, não tem sido assim para mim.

Tem sido mais como um cruzamento entre as últimas semanas de gravidez, quando você fica deprimida por causa dos hormônios, com os tornozelos inchados, e o primeiro dia da aula de educação física, quando você tem que ficar em fila por ordem de tamanho e tem 1,20m, como o E.T., ou se sente como um gigante.

O processo começa bem. Em algumas editoras funciona assim: muitos meses antes da data da publicação, você recebe uma cópia do seu livro diagramado. Sempre tenho uma grande sensação de alívio a essa altura, porque parece que a editora já foi longe demais para cancelar a publicação. Essas provas encadernadas também são enviadas a diversos jornais e críticos e isso faz com que você acredite que a editora já investiu tanto dinheiro em produção e postagem que vai ser obrigada a seguir adiante e publicar o maldito livro.

A primeira vez que lê é uma maravilha. No entanto, na próxima leitura, só vê os erros que ninguém pegou. Parece que o revisor trabalhou bêbado. E são erros importantes, que fazem com que você pareça ignorante. Na terceira ou quarta vez que lê, você vê que não há sequer uma linha inovadora, perspicaz ou até mesmo que possa ser salva no livro inteiro. Na quinta, já não sabe mais se seria do seu interesse publicar aquele texto.

Pouco depois, aparecem as primeiras resenhas, na *Publishers Weekly* e na *Kirkus Reviews*, e às vezes parece que foi sua mãe que as escreveu. Outras vezes, os críticos sugerem que você é um fracassado vazio e presunçoso que deveria morrer para que eles não precisem mais ler seu trabalho. Já recebi resenhas que diziam que eu era estranha e desagradável. Talvez não tenha sido exatamente isso que eles disseram, mas, lendo as entrelinhas, eu podia ver que era o que estavam insinuando. Você sobrevive. Provavelmente, tomará alguns martínis só para se acalmar um pouco. Ou, se não bebe, comerá o equivalente ao seu peso em doces e comida gordurosa. De qualquer maneira, o tempo passa e chega a data da publicação.

Há algo mítico acerca desse dia e você passa a acreditar que, naquela manhã específica, vai acordar com o telefone tocando sem parar e que seu editor vai ficar tão empolgado a ponto de contratar a Esquadrilha da Fumaça para animar sua esquálida choupana, da qual você vai se mudar assim que as vendas do livro realmente decolarem. Ou que pelo menos ele vai enviar flores.

Lembro de um ano em que eu e meu amigo Carpenter teríamos nossos livros lançados no mesmo dia. Falamos sobre isso durante todo o verão. Cada um de nós fingia ter expectativas modestas. Eu tinha expectativas modestas em relação ao livro dele; ele as tinha em relação ao meu. Na semana anterior ao lançamento, conversamos quase todas as manhãs sobre nossa empolgação e o longo tempo que havíamos esperado. Éramos como crianças pequenas aguardando a véspera de Natal. Enfim chegou o grande dia e eu acordei feliz, antecipadamente constrangida por todos os elogios e por toda a atenção que receberia. Fiz café e me preparei para pôr a mão na massa, liguei para Pammy e para alguns amigos para que me dessem os parabéns. Depois fiquei esperando o telefone tocar. Só que o telefone não sabia direito seu papel. Ficou lá, silencioso como a morte. Ao meio-dia, o som do telefone que não tocava começou a me dar nos nervos. Felizmente já estava na hora da primeira cerveja do dia. Fiquei sentada como um cão fiel ao lado do telefone, esperando algum sinal. Finalmente, *finalmente,* ele tocou às quatro da tarde. Atendi e ouvi Carpenter rindo histericamente, como um *serial killer*, e então *eu* fiquei histérica e, no final, nós dois precisamos ser sedados.

Ele me mandou flores e, antes que eu soubesse que ele havia feito isso, mandei flores para ele também. As que ele me mandou eram lindas, em sua maioria rosas e íris.

Muitas vezes isso é tudo o que acontece, tirando a parte das rosas e íris. Se o que você tem em mente é fama e fortuna, já vou avisando que a publicação o levará à loucura. Se tiver sorte, vai conseguir umas poucas resenhas, umas boas, outras ruins, algumas indiferentes. Nem vou comentar sobre os veículos em que somos negligenciados. Haverá noites de autógrafos e talvez algumas leituras e numa delas seu editor vai comprar uma forma de dez quilos de queijo *brie* e a única pessoa que vai aparecer é um homem que mora na rua desde os 12 anos, mas até ele vai embora, porque odeia *brie*. Você e as pessoas que trabalham na livraria vão fazer muitas piadas sobre essa situação. Você vai ler para os cinco funcionários e eles vão reagir com grande entusiasmo. Talvez aconteçam umas duas entrevistas e, em seguida, em algum momento, quando você achar que as coisas estão se acalmando, chegará sua primeira crítica arrasadora, aquela que diz que seu livro é uma droga. A ocasião é especialmente festiva quando essa crítica é publicada na imprensa local, assim todos os seus parentes também poderão lê-la. Você pode imaginar centenas de milhares de pessoas vendo aquele texto no café da manhã, lendo em voz alta umas para as outras e rindo da astúcia do resenhista. Então você resmunga e chora e depois seus amigos escritores ligam e se compadecem. Eles realmente se sentem mal, ficam com raiva e sabem que você está se sentindo como um animal ferido, um touro indomável, e dizem as coisas certas: eles amam seu livro e você, aquilo também aconteceu com eles um ano atrás ou em algum outro momento. A verdade é que, se você for escritor, é quase certo que, mais cedo ou mais tarde, isso lhe aconteça.

Mas a publicação é o meio pelo qual a comunidade reconhece que você fez bem o seu trabalho. Ela lhe atribui um status que nunca será perdido. Agora você é um escritor publicado e está na rara posição de poder ganhar a vida, de alguma maneira, fazendo o que mais gosta. A consciência desse fato lhe dá uma alegria silenciosa.

Mas, no final, precisa se sentar, como todos os outros escritores, e encarar a página em branco.

O começo de um segundo ou terceiro livro é cheio de animação e confiança, porque você foi publicado, assim como é cheio de falsos inícios e terror, porque agora precisa provar novamente quem é. As pessoas talvez descubram que aquilo foi sorte de principiante, que não passou de fogo de palha. Hoje, sei que você deve esgotar esse medo escrevendo muito e não parando demais para admirar a si mesmo e a sua publicação. Mais tarde, você se verá trabalhando em outro livro e, mais uma vez, vai perceber que a verdadeira recompensa é o ato de escrever, que um dia bom é aquele em que você faz o seu trabalho e a dedicação total é o que importa.

"Quando é que ela vai falar sobre *alegria*?", você pode resmungar agora. Será que já não falei? Certamente quis dizer que as boas horas passadas na frente da escrivaninha são o que posso imaginar de mais maravilhoso. Mas a alegria para mim é Sam, minha igreja, meus amigos e minha família; é algo que sinto mais fora de casa do que na frente da mesa de trabalho. Há uma parte de mim que resiste à ideia de dizer que adoro ser uma escritora publicada, que esse foi um sonho que se tornou realidade. Em primeiro lugar, porque se trata de algo muito mais complexo do que isso. E, em segundo, não quero que os escritores não publicados digam: "Viu? Dou este assunto por encerrado: a publicação *é* a grande recompensa."

Mas a verdade é que pode haver muita satisfação em ser escritor, em ser uma pessoa que faz seu trabalho na maioria dos dias e que foi publicada e reconhecida. Carrego isso como se fosse uma pedra dentro do bolso na qual toco várias vezes por dia para ver se continua lá. Embora uma boa parte do tempo que uso para escrever seja estressante e desanimadora, carrego comigo uma sensação secreta de realização, como se uma compressa curativa tivesse sido implantada perto do meu coração e agora irradiasse uma sensação de alívio por todo o meu organismo. Mas você paga caro por isso.

Ninguém se expressou melhor a esse respeito do que um grande romancista que, durante uma entrevista na TV, disse algo mais ou menos assim: "Você quer saber o preço que pago por ser escritor? Tudo bem, vou dizer. Viajo muito de avião e, normalmente, me sento ao lado de um homem de negócios que trabalha em relatórios ou no seu notebook por um tempo e, depois, nota minha presença e me pergunta o que eu faço. Digo que sou escritor. Segue-se um silêncio terrível. Então ele diz com avidez: 'Você escreveu alguma coisa de que eu possa ter ouvido falar?' Esse é o preço que pago por ser escritor."

A minha versão é que, outro dia, Sam e eu estávamos no shopping. Eu tinha um grande evento no Teatro Herbst porque um livro meu estava sendo muito comentado. Decidi comprar um vestido novo para a ocasião. Nós dois estávamos andando inocentemente pela loja quando a vendedora se aproximou e perguntou:

– Está procurando algo em particular?

– Bem, vou a um evento especial e preciso de um vestido novo – respondi.

– É para um jantar?

– Não – falei. – Na verdade, vou subir no palco.

– Você é cantora? – perguntou ela e eu ouvi os tambores da selva começando a rufar, me avisando para eu ficar de boca fechada e mandar meu ego se trancar no quarto.

Mas eu havia me acostumado à atenção. Pigarreei e disse:

– Não, sou escritora.

– Nossa! Eu leio de *tudo*! Qual é o seu nome?

Eu sabia que estava em apuros. Sabia que ia me dar mal, mas meu ego havia se tornado Nelson Rockefeller e estava a fim de socializar. A minha parte mais esperta tinha consciência de que eu já fora longe demais e não podia parar. Então eu disse:

– Não, você não deve ter ouvido falar de mim e vou me sentir péssima.

Ela insistiu:

– É verdade, leio de *tudo*.

Parte de mim acreditava que eu havia me tornado tão famosa que, quando dissesse meu nome, ela reagiria como se Paul McCartney tivesse entrado na loja. A parte mais sábia de mim, porém, tinha certeza de que eu havia me dado mal. Àquela altura, comecei a rezar, só que eu estava rezando para ela: "Por favor, por favor, não me faça dizer meu nome." Sorri recatadamente, como se tivéssemos nos divertido e estivesse na hora de ir pegar Sam, que estava embaixo de uma arara de vestidos fazendo ruídos grosseiros.

– Beth! Beth! – chamou a vendedora de repente. – Venha cá!

Uma moça saiu dos fundos da loja com um olhar de expectativa no rosto.

– Beth, não é verdade que leio de *tudo*? Diga a ela!

Beth disse que sim, era verdade, ela lia de *tudo*. A vendedora me olhou gentilmente e insistiu:

– Vamos, qual é o seu nome?

Eu suspirei, sorri e finalmente falei:

– Anne Lamott.

Ela olhou para mim com grande preocupação. A loja estava em silêncio, a não ser por Sam embaixo da arara de vestidos. Depois ela apertou os lábios e lentamente balançou a cabeça.

– Não, acho que não.

Precisei de uma semana e de muito chocolate para superar aquilo. Mas depois lembrei que toda vez que o mundo joga pétalas de rosa em você, alegrando e seduzindo seu ego, é preciso tomar cuidado. A casca de banana cósmica logo vai aparecer embaixo do seu pé para que você não leve tudo a sério demais.

Tudo o que sei sobre a relação entre publicação e saúde mental foi resumido em uma fala do filme *Jamaica abaixo de zero*, sobre a primeira equipe jamaicana de *bobsled*. O treinador ganhou uma medalha de ouro olímpica naquela modalidade vinte anos antes, mas desde então é um fracasso total. Os jogadores do seu time estão desesperados para ganhar uma medalha olímpica, assim como metade das pessoas nas minhas aulas está desesperada para ser publicada. Mas o treinador diz: "Se vocês não se bastam antes da medalha de ouro, não se bastarão com a medalha." Talvez você deva colar isso na parede perto da sua escrivaninha.

A casca de banana apareceu quase todas as vezes que obtive um triunfo ou que o mundo me viu como um triunfo. É Deus pregando uma peça. Certa vez participei de um evento literário ilustre em São Francisco para uma obra de caridade nacional. Havia esperado anos para ser convidada para aquele evento. A cada ano, via seis outros escritores serem selecionados. Deus sabe que tentei levar na esportiva. Entendi que a organização precisava convidar escritores de renome nacional para atrair o maior público possível; fazia todo o sentido. Mas, ano após ano, eu me sentia arrasada toda vez que não era chamada. Finalmente fui convidada e minha alegria não tinha limites. Bem, não sou idiota: eu sabia que se tratava de uma enorme bandeja de cocaína para o meu ego. Mas, ainda assim, meu coração alçou voo como uma águia.

No entanto, havia um pequeno problema. Fui a última escritora a ser chamada e a aceitar, portanto não apareci no primeiro comunicado à imprensa divulgado três meses antes. A assessora de imprensa enviou um segundo comunicado após minha participação ter sido confirmada. Mas, quando a primeira grande notícia sobre o evento fora publicada no jornal, meu nome não tinha sido incluído. Fiquei chateada, já que era a coluna mais importante do jornal, mas sou velha e durona e posso lidar com esse tipo de decepção. Em seguida, foi publicado um parágrafo sobre o evento na seção sobre livros e, de novo, não fui citada. Daquela vez, a assessora de imprensa ligou, chateada e tão cheia de desculpas que conseguiu me amolecer. Depois houve uma grande menção ao evento nas colunas sociais e imagine o que aconteceu... Parecia que eu estava de volta à sétima série. A assessora ligou mais uma vez e estava tão chateada que achei que ela fosse beber um copo de desinfetante ali mesmo, ao telefone. De repente, estava me sentindo tão chorosa, excluída e de TPM que nem conseguia falar a respeito. Horas mais tarde, lembrei que, se eu não me bastava antes de ser convidada para participar daquele prestigioso evento, minha participação não mudaria nada. Bastar-se tem que ser um trabalho interno.

Cerca de uma hora depois de eu ter chegado aos trancos e barrancos àquela conclusão, fiquei boquiaberta. Eu havia esquecido que aquele era um evento de caridade! Eu havia começado a vê-lo como uma vitrine. Para mim.

É estranho como isso acontece. Finalmente sorri, lembrando

algo que certa vez ouvi Ram Dass dizer no rádio sobre o fato de a maioria de nós ser criada para ser "alguém na vida" e como acreditar nisso não é vantajoso para ninguém, já que, se você for mais importante do que alguém, muitas outras pessoas serão muito mais importantes do que você. E isso o levará à loucura.

MAIS UMA COISA sobre publicação: quando aquele meu livro que fez certo sucesso foi lançado, aquele que me fez comprar um vestido novo, fiquei inebriada com toda a atenção que recebi e, em seguida, me senti perdida e desorientada, precisando de uma nova dose de atenção a cada dois dias para não ter uma crise de abstinência. Era impossível viver dentro de mim, como se eu tivesse entrado em um parque de diversões cheio de sinos tocando, luzes piscando e um monte de guloseimas e tivesse ficado lá por tempo demais. Eu queria paz e tranquilidade, mas, ao mesmo tempo, não queria ir embora. Eu era como um daqueles meninos malvados em *Pinóquio*, que correm para a ilha dos prazeres e ficam com orelhas de burro. Eu sabia que minha alma estava doente e que eu precisava de aconselhamento espiritual. Sabia também que aquele aconselhamento não deveria ser terrivelmente sofisticado. Então fui procurar o pastor da pré-escola do meu filho.

O pastor tinha cerca de 15 anos. Na verdade, ele só parecia jovem. Conversamos um pouco. Eu disse que estava confusa, instável, volúvel, radiante, retraída, perdida e, no meio de tudo aquilo, tentando encontrar uma fugaz serenidade.

– O mundo não pode nos dar essa serenidade – disse ele. – O mundo não pode nos dar paz. Nós só podemos encontrá-la em nosso coração.

– Odeio isso – retruquei.

– Eu sei. Mas a boa notícia é que, da mesma maneira, o mundo não pode tirá-la de nós.

PARTE CINCO

A última aula

Há muitas coisas que quero dizer a meus alunos em nossa última aula, muitas coisas que gostaria de lembrar a eles. "Escrevam sobre sua infância", repito pela milésima vez. "Escrevam sobre aquele período da vida em que vocês estavam voltados para o mundo, quando seus poderes de observação eram mais agudos e vocês sentiam as coisas profundamente." Ao explorar e entender sua infância, você se tornará capaz de criar empatia e isso lhe ensinará a escrever com inteligência, perspicácia e compaixão.

Tornar-se escritor tem a ver com tornar-se consciente. Estando consciente e escrevendo com argúcia, simplicidade e respeito pela verdade, você é capaz de acender as luzes para seu leitor. Ele vai reconhecer sua própria vida e sua própria verdade naquilo que você diz, nos retratos que pintou, e isso aplaca a terrível sensação de isolamento que todos nós já sentimos em demasia.

Tente escrever de uma maneira emotiva em vez de ser sutil ou oblíquo demais. Não tenha medo do seu material nem do seu passado. Em vez disso, tenha medo de perder mais tempo se preocupando com sua aparência ou com a maneira como as pessoas o veem. Tenha medo de não escrever.

Se alguma coisa dentro de você é verdadeira, deve se tratar de algo universal e nós possivelmente acharemos interessante. Portanto, arrisque-se e ponha a emoção no centro do seu trabalho. Concentre-se no cerne emocional das coisas. Escreva visando à vulnerabilidade. Não se preocupe achando que vai parecer sentimental. Preocupe-se em estar disponível, em não ser ausente nem fraudulento. Corra o risco de não ser apreciado. Diga a verdade como a entende. Se você é escritor, tem a obrigação moral de fazer isso. E esse é um ato revolucionário – a verdade sempre é subversiva.

ETHAN CANIN INSISTE que você nunca deve escrever por vingança. Eu, por minha vez, digo aos meus alunos que eles *sempre* devem escrever por vingança, contanto que o façam bem. Se alguém os aborreceu, se alguém os tratou mal, eu os estimulo a escrever sobre isso. Dois dos meus alunos, em turmas diferentes, decidiram escrever sobre os ramos finos que os pais pegavam das árvores do quintal para bater neles. Eu disse que usassem aquelas lembranças. As recordações são suas. Aquilo não devia ter acontecido com você. Pessoalmente, eu escreveria sobre aquele assunto em parte por causa de um desejo de dar sentido a tudo aquilo e em parte por vingança. E este, como eu digo aos meus alunos, pode ser um momento tão bom quanto qualquer outro para falarmos de difamação.

Difamar é fazer afirmações falsas ou prejudiciais sobre as pessoas de maneira consciente e maliciosa. Isso significa que, se você viveu com um homem que tem vários hábitos e características pessoais e profissionais conhecidos e isso permitir que os amigos e clientes dele o reconheçam, você deverá mudar drasticamente os detalhes. Se ele era famoso por ter as unhas dos pés compridas, transforme-as em pelos nas narinas. Se ele pintava os cabelos de preto, faça com que use base e talvez um pouco de blush. No entanto, se ele se revelou um sociopata narcisista em seu modo de agir em relação a você, tente captar a personalidade dele e usar conversas reais, contanto que ele não possa ser identificado por suas descrições. Mude tudo que apontaria especificamente para ele. Deixe de fora aquela tendência à cleptomania. Deixe de fora o tipo de carro que ele dirigia e o fato de ele odiar tanto os fumantes a ponto de ter cultivado uma planta no cinzeiro. Apresente-se como primeira mulher ou namorada em vez de terceira mulher e não inclua os filhos mal-educados dele, sobretudo os gêmeos ruivos. Se você disfarçar aquela pessoa a ponto de ela não ser reconhecida pelas características físicas ou pelos fatos profissionais, poderá usá-la em seu trabalho. E o melhor conselho que posso oferecer é que dê ao seu personagem um pênis minúsculo, assim será pouco provável que ele faça algum alarde.

Sei que isso faz com que eu pareça um pouco rancorosa.

Tive um aluno cuja mãe, para castigá-lo na infância, costumava queimar a mão dele no fogão.

– Use isso – aconselhei.

– Mas ela está velha – argumentou ele. – E não teve uma vida feliz.

– Sinto muito por ela – respondi. – Mude a aparência e a idade dela, o lugar onde vocês moravam. Se você era filho único, invente cinco irmãos. Se você tinha dois irmãos, faça com que o narrador seja filho único. Transforme-a em mãe solteira. Use o pai malvado em outro lugar, em outra história. Se não havia pai, invente um.

Esse aluno escreveu histórias lindas sobre sua infância com uma mãe que fisicamente não se parecia em nada com a dele. Ela se transformou em uma mulher loura de olhos castanhos grandes e acolhedores, que trabalhava num supermercado – e segurava a mão do filho sobre as chamas quando ele se comportava mal. Uma vez, quando ele terminou a leitura, a turma começou a aplaudir espontaneamente.

Uma amiga se apaixonou por um sacerdote não católico que parecia muito erudito, espiritualizado e meigo no início, mas que depois se revelou, sem medir palavras, um déspota de merda. Ela ficou se perguntando se poderia usá-lo como personagem.

– Por favor, eu insisto – falei.

– Preciso criar um personagem alto para que ele não me processe?

– Não – respondi. – Diga que ele é um escritor mal-educado, em vez de psicólogo. Dê-lhe um passado: duas mulheres e vários filhos que ele não vê há anos. Transforme-o em um homem rústico, fumante e ateu. Atribua a ele um pênis que parece um ovo minúsculo num ninho de passarinho. Ele não vai se manifestar.

Talvez isso não seja apenas vingança, talvez seja apenas a vontade de contar a verdade como ela realmente aconteceu. Talvez também tenha a ver com a tentativa de dar algum sentido ao sofrimento. Bem, não importa. Eis um poema de Sharon Olds, intitulado "I Go Back to May 1937" ("Volto a maio de 1937"), que passo para todas as turmas:

Eu os vejo em pé diante dos portões formais das faculdades,
vejo meu pai caminhando
sob o arco de arenito ocre, os
azulejos vermelhos brilhando como chapas
de sangue dobradas atrás da sua cabeça, vejo
minha mãe com uns poucos livros leves apoiados no quadril
em pé ao lado do pilar feito de pequenos tijolos com o
portão de ferro batido ainda aberto atrás dela, as
pontas negras no ar de maio,
eles estão prestes a se formar, estão prestes a se casar,
são crianças, são tolos, só sabem que são
inocentes, nunca fariam mal a ninguém.
Quero ir até eles e dizer Parem,
não façam isso – ela é a mulher errada,
ele é o homem errado, vocês vão fazer coisas
que não podem imaginar que algum dia fariam,
vão fazer coisas ruins a crianças,
vão passar por sofrimentos inauditos,
vão querer morrer. Quero ir
até eles ao sol de meados de maio e dizer isso,
o rostinho bonito e vazio dela se virando para mim,
seu corpo belo e intacto,
o rosto belo e arrogante dele se virando para mim,

seu corpo belo e intacto,
mas não faço isso. Quero viver. Eu
os pego como os bonecos de papel
representando um homem e uma mulher, e esfrego
seus quadris como lascas de sílex para
criar centelhas, e digo
Façam o que vocês vão fazer e eu contarei depois.

Se seu cônjuge for uma figura pública e você escrever um livro sobre seu casamento dizendo coisas realmente horríveis sobre ele, provavelmente receberá uma visita do advogado da sua editora, que se mostrará muito ansioso e aborrecido. O problema é que a editora estará sujeita a pagar milhões em danos morais se seu cônjuge conseguir convencer um júri de que foi vítima de difamação. A melhor solução é não apenas disfarçar e mudar o maior número possível de características, mas também tornar o personagem uma mistura de pessoas. Depois inclua o pênis minúsculo e a tendência antissemita e acho que você não terá problemas.

TENTE NÃO SENTIR pena de si mesmo quando a vida parecer difícil e solitária. Você parece *querer* escrever, então escreva. Você tem sorte de ser uma daquelas pessoas que desejam construir castelos de areia com palavras, que estão dispostas a criar um lugar onde a imaginação pode perambular. Construímos esse lugar com a areia das lembranças; esses castelos são nossas lembranças e nossa inventividade transformadas em algo tangível. Portanto, uma parte de nós acredita que, quando a maré começar a subir, não teremos perdido nada, porque, na verdade, era só um símbolo que estava na areia. Outra parte de nós acha que vamos encontrar uma maneira de desviar o oceano. Isso é o que separa os artistas das pessoas comuns: a crença, arraigada em nosso coração, de que construímos bastante bem nossos castelos e que, de alguma forma, o oceano não vai destruí-los. Acho maravilhoso ser assim.

AGORA RESTA POUCO tempo de aula, como se fosse aquela última meia hora no acampamento na qual todos se reúnem no estacionamento enquanto esperam que as mochilas sejam colocadas no ônibus.

Acho que disse aos meus alunos tudo o que sei sobre escrever. Pequenas tarefas, primeiros esboços ruins, pequenos porta-retratos, polaroides, confusões, erros, parceiros. Mas muitas daquelas pessoas foram à minha aula com as melhores dez páginas que já haviam escrito, esperando ser publicadas, e agora se perguntam se aquilo era apenas um sonho. Acho que não. Talvez a maioria deles não seja publicada em grandes revistas ou em grandes tiragens. Eles não irão a programas de entrevistas nem entrarão na lista dos mais vendidos, não se tornarão grandes amigos de David Letterman nem se divertirão com Sharon Stone. Não vão comprar mansões, cachorros com pedigree nem talheres de peixe graças a seu trabalho como escritores. Muitos deles querem isso mais do que qualquer outra coisa. Eles não acreditam que, conseguindo tudo isso, vão ficar ainda mais loucos, estressados e cheios de dúvidas sobre si mesmos. De qualquer forma, isso não vai acontecer para muitos deles.

Ainda acho que eles deveriam escrever com todo o afinco, diariamente, se possível, e pelo resto da vida.

No entanto, quando sugiro que devoção e compromisso serão a recompensa deles, que, ao se dedicarem ao seu ofício, encontrarão conforto, orientação, sabedoria, verdade e orgulho, eles de início me olham com grande hostilidade. Parece que acabei de convidá-los a participar do meu clube de bordado. São pessoas rancorosas. É por isso que escrevem.

Então permita-me ir além. Muitos de nós, alguns publicados e outros não, acham que a vida literária é a melhor possível, quase ideal, essa vida em que lemos, escrevemos e nos correspondemos. Um amigo que trocou o cristianismo pela poesia aos 18 anos diz que se trata de uma vida espiritualmente revigorante, intelectualmente estimulante. No ato de escrever, podemos encontrar um foco perfeito para a vida. Ele nos oferece desafio, deleite, agonia e compromisso. Vemos nosso trabalho como uma vocação com o potencial de ser tão rica e vivificante quanto o sacerdócio. Como escritores, temos ao longo dos anos muitas experiências que estimulam e alimentam o espírito. No entanto, são experiências silenciosas e interiores, sem trovões nem anjos anunciadores. Meu amigo Tom, o padre jesuíta gay, disse que ansiou por experiências espirituais a vida toda, mas que, quando bebia, desejava especificamente entrar em uma igreja e ver a estátua de Maria acenar de volta para ele. Às vezes, isso acontecia – acenos pequenos e rápidos, depois ela se sentava. Mas, após parar de beber, ele percebia que tivera uma experiência verdadeira quando sentia uma espécie de libertação no peito, nos pulmões e na alma. Essa sensação é algo que meus alunos relatam, em especial aqueles que participam de grupos de redação: é a sensação de libertação que, ironicamente, provém da disciplina.

O fato de se tornar um escritor também pode mudar profundamente sua vida como leitor. Lemos com mais concentração e damos mais valor, cientes de como é difícil escrever, sobretudo quando queremos dar a impressão de que não fizemos esforço algum. Seu foco muda. Você começa a ler com os olhos de um escritor. Estuda como alguém relatou a sua versão das coisas de uma maneira nova, ousada e original. Percebe como um autor retrata um personagem ou uma era fascinante sem que você sinta que está recebendo um monte de informações novas e, ao notar com que destreza tudo aquilo aconteceu, talvez pare de ler um instante e saboreie o livro.

Quando estou escrevendo, há momentos em que penso que, se as outras pessoas soubessem como estou me sentindo naquele instante, me queimariam em uma fogueira por sentir um prazer tão pleno e intenso. É claro, pago caro por esses momentos, com muita tortura, autodepreciação e tédio, mas, quando chego ao final do dia, tenho algo para mostrar. Quando os antigos egípcios acabaram de construir as pirâmides, *eles haviam construído as pirâmides*. Talvez eles sejam bons exemplos: achavam que estavam trabalhando para Deus, então o faziam com concentração e admiração religiosa. (Meu amigo Carpenter também diz que eles bebiam o dia inteiro e faziam pausas a intervalos regulares para untarem uns aos outros. Acho que todos os meus outros amigos escritores também fazem isso, mas não me contam.)

A sociedade à qual pertencemos parece estar morrendo ou já ter morrido. Não quero parecer dramática, mas o lado escuro sem dúvida está crescendo. A vida não devia ser mais estranha ou assustadora na Idade Média. Mas a tradição dos artistas vai continuar, a despeito da forma que a sociedade assumir. E esse é outro motivo para escrever: as pessoas precisam de nós para servirmos de espelhos sem distorção – não se trata de olhar à sua volta e dizer "Olhem para vocês mesmos, seus idiotas", mas sim "Isto é o que nós somos".

Nesta sociedade soturna e ferida, a escrita pode lhe dar o prazer de um pica-pau abrindo em uma árvore um buraco no qual você pode construir seu ninho e dizer: "Este é meu nicho, é aqui que vivo agora, este é o meu lugar." O nicho pode ser pequeno e escuro, mas você finalmente sabe o que está fazendo. Depois de trinta anos ou mais se debatendo e fazendo besteiras, você finalmente vai saber e, quando a coisa ficar séria, estará enfrentando aquilo que sempre evitou: suas feridas. Isso é muito doloroso. Faz com que muitas pessoas que não entraram nessa por causa da dor parem logo no início. Elas queriam dinheiro e fama. Então desistem ou recorrem a um tipo de escrita que é mais ou menos como fazer bolo.

Não subestime esse dom de encontrar um lugar no mundo da escrita: se você realmente se dedicar a descrever criativamente a verdade como a entende, como a vivenciou, com as pessoas ou o material que estão dentro de você, que estão pedindo para que os ajude a serem escritos, alcançará um sentimento secreto de honra. Ser escritor é fazer parte de uma nobre tradição, assim como ser músico – as últimas associações igualitárias e abertas. Não importa o que aconteça em termos de fama e fortuna, a dedicação à escrita é uma marcha para a frente em relação à posição que você ocupava anteriormente – quando não se importava em se estender para o mundo, não esperava contribuir, apenas estava lá parado, fazendo alguma tarefa que havia caído em suas mãos.

Mesmo que apenas as pessoas do seu grupo de redação leiam suas memórias, histórias ou romances, mesmo que você só tenha escrito para que, um dia, seus filhos saibam como era a vida na sua infância e que você conhecia o nome de todos os cachorros da cidade – ainda assim, o fato de ter escrito sua versão é digno de honra. Contra todas as expectativas, você a pôs no papel e ela não vai se perder. Talvez o que você escreveu vá ajudar os outros, vá ser uma pequena parte da solução. Você nem precisa saber como ou de que maneira, mas, se está escrevendo as palavras mais claras e verdadeiras que consegue encontrar e fazendo todo o possível para entender e comunicar, tudo isso brilhará no papel como um pequeno farol. Os faróis não saem correndo pelas ilhas procurando barcos a serem salvos; eles simplesmente ficam lá parados, iluminando.

Você apenas vai escrevendo palavra por palavra, da maneira como as escuta, como elas lhe chegam. Pode ir pondo os tijolos como um operário ou como um artista. Pode transformar o trabalho em uma tarefa ou se divertir. Pode trabalhar da mesma maneira como lavava a louça aos 13 anos ou como um japonês realizando a cerimônia do chá, com um nível de concentração e cuidado no qual pode se perder ou se encontrar.

Às vezes, por mais confusas que as coisas pareçam, sinto como se todos nós estivéssemos num casamento. Mas você não pode simplesmente dizer: "Estamos num casamento! Coma um pedaço de bolo!" É preciso criar um mundo no qual possamos entrar, um mundo no qual possamos perceber isso. A participação requer autodisciplina, confiança e coragem, porque esse negócio de se tornar consciente, de ser escritor, no fundo significa o seguinte, de acordo com meu amigo Dale: "Até que ponto estou disposto a estar vivo?"

A melhor coisa de ser um artista, e não um louco ou alguém que escreve cartas para o editor, é que você pode se dedicar a um trabalho satisfatório. Mesmo sem nunca publicar uma palavra, tem algo importante a fazer. Seus pais e avós vão gritar: "Não faça isso, não se sente, não se sente!" E você vai precisar fazer o que fazia quando criança: deixá-los de lado e continuar a descobrir a vida.

Então olho para o rosto dos meus alunos e eles me encaram solenemente.

– E aí, *por que* o que escrevemos é importante mesmo? – perguntam.

– Por causa do espírito – respondo. – Por causa do coração.

A escrita e a leitura reduzem nossa sensação de isolamento. Aprofundam, alargam e expandem nossa noção da vida: alimentam a alma. Quando os escritores nos fazem balançar a cabeça por causa da exatidão de sua prosa e de suas verdades e nos fazem rir de nós mesmos ou da vida, nossa alegria de viver é restaurada. Ganhamos a chance de dançar com o absurdo da vida, ou de pelo menos acompanhar batendo palmas, em vez de sermos constantemente esmagados por ele. É como cantar em um barco durante uma terrível tempestade no mar. Você não faz com que a tempestade pare, mas, cantando, pode mudar o coração e o espírito das pessoas que estão a bordo.

APÊNDICE

Trecho do poema "The Wild Rose", de Wendell Berry (p. 22):

*Sometimes hidden from me
in daily custom and in trust,
so that I live by you unaware
as by the beating of my heart,*

*Suddenly you flare in my sight,
a wild rose blooming at the edge
of thicket, grace and light
where yesterday was only shade,
and once again I am blessed, choosing
again who I chose before.*

Trecho de "We Who Are Your Closest Friends", de Phillip Lopate (p. 34):

*We who are
your closest friends
feel the time
has come to tell you
that every Thursday
we have been meeting,
as a group,
to devise ways
to keep you
in perpetual uncertainty
frustration
discontent and
torture
by neither loving you
as much as you want
nor cutting you adrift.
Your analyst is
in on it,
plus your boyfriend
and your ex-husband;
and we have pledged
to disappoint you
as long as you need us.
In announcing our
association
we realize we have
placed in your hands
a possible antidote
against uncertainty
indeed against ourselves.*

*But since our Thursday nights
have brought us
to a community
of purpose
rare in itself
with you as
the natural center,*

*we feel hopeful you
will continue to make unreasonable
demands for affection
if not as a consequence
of your disastrous personality
then for the good of the collective.*

Trecho da versão em inglês, de Coleman Barks, para um poema do poeta persa Jalal ad-Din Rumi (p. 108):

*God's joy moves from unmarked box to unmarked box,
from cell to cell. As rainwater, down into flowerbed.
As roses, up from ground.
Now it looks like a plate of rice and fish,
now a cliff covered with vines,
now a horse being saddled.
It hides within these,
till one day it cracks them open.*

Trecho de "Ripples on the Surface of the Water", de Gary Snyder (p. 109):

*Ripples on the surface of the water —
were silver salmon passing under — different
from the ripples caused by breezes*

Trecho de "August in Waterton, Alberta", de Bill Holm (p. 154):

*Above me, wind does its best
to blow leaves off
the aspen tree a month too soon.
No use wind. All you succeed
in doing is making music, the noise
of failure growing beautiful.*

"I Go Back to May 1937", de Sharon Olds (p. 211):

*I see them standing at the formal gates of their colleges,
I see my father strolling out
under the ochre sandstone arch, the
red tiles glinting like bent
plates of blood behind his head, I
see my mother with a few light books at her hip
standing at the pillar made of tiny bricks with the*

wrought-iron gate still open behind her, its
sword-tips black in the May air,
they are about to graduate, they are about to get married,
they are kids, they are dumb, all they know is they are
innocent, they would never hurt anybody.
I want to go up to them and say Stop,
don't do it – she's the wrong woman,
he's the wrong man, you are going to do things
you cannot imagine you would ever do,
you are going to do bad things to children,
you are going to suffer in ways you never heard of,
you are going to want to die. I want to go
up to them there in the late May sunlight and say it,
her hungry pretty blank face turning to me,
her pitiful beautiful untouched body,
his arrogant handsome blind face turning to me,
his pitiful beautiful untouched body,
but I don't do it. I want to live. I
take them up like the male and female
paper dolls and bang them together
at the hips like chips of flint as if to
strike sparks from them, I say
Do what you are going to do, and I will tell about it.

CRÉDITOS DE TEXTOS REPRODUZIDOS

Trecho de "Modern Love", de *Getting Over Tom*, copyright © 1994 de Abigail Thomas. Reproduzido com a permissão de Algonquin Books of Chapel Hill.

Trecho do ensaio de Frederick Buechner publicado em *Spiritual Quests: The Art and Craft of Religious Writing*, introdução de William Zinsser (Houghton Mifflin, 1988). Reproduzido com a permissão de Frederick Buechner.

"I Go Back to May 1937", de *The Gold Cell*, de autoria de Sharon Olds, copyright © 1987 de Sharon Olds. Reproduzido com a permissão de Alfred A. Knopf, Inc.

Trecho de "We Who Are Your Closest Friends", publicado em *The Eyes Don't Always Want to Stay Open*, de Phillip Lopate (*Sun Press*, 1972). Reproduzido com a permissão de Phillip Lopate.

Trecho de "August in Waterloo, Alberta", publicado em *The Dead Get By With Everything* (Milkweed Editions, 1991), copyright © 1991 de Bill Holm. Reproduzido com a permissão de Milkweed Editions.

Trecho de "The Wild Rose", publicado em *Entries*, de Wendell Berry, copyright © 1992 de Wendell Berry; trecho de "Ripples on the Surface", publicado em *No Nature: New and Selected Poems*, de Gary Snyder, copyright © 1992 de Gary Snyder. Reproduzidos com a permissão de Pantheon Books, uma divisão da Random House, Inc.

Trecho de uma entrevista de Barbara Stevens com Carol Chute (*Glimmer Train*, outono de 1992). Reproduzido com a permissão de Barbara Stevens.

Trecho de "Unmarked Boxes", de Rumi, publicado em *Open Secret*. Reproduzido com a permissão de Threshold Books, RD 4, Box 600, Putney, VT 05346.

AGRADECIMENTOS

Eu gostaria de agradecer pela enorme dívida que tenho com os escritores que me disseram coisas muito inteligentes ao longo dos anos: Martin Cruz Smith, Jane Vandenburgh, Ethan Canin, Alice Adams, Dennis McFarland, Orville Schell e Tom Weston.

Eu não seria capaz de fazer meu trabalho sem o apoio contínuo e a visão do meu editor, Jack Shoemaker. Meu agente, Chuck Verrill, é simplesmente maravilhoso, assim como Nancy Palmer Jones, que revisou este livro (e também o anterior) com grande habilidade, carinho e precisão.

Gostaria de repetir que acho que não estaria viva hoje se não fosse o pessoal da Igreja Presbiteriana St. Andrew de Marin City, Califórnia.

Sam me disse outro dia: "Amo você como vinte tiranossauros no alto de vinte montanhas." É exatamente assim que eu o amo.

SOBRE A AUTORA

Anne Lamott nasceu em 1954, em São Francisco. Depois de estudar no Goucher College, voltou à região da Baía de São Francisco para escrever. Em 1980, publicou seu primeiro romance, *Hard Laughter*, que foi seguido por *Rosie* (1983), *Joe Jones* (1985) e *All New People* (1989). Em 1993, lançou um livro de memórias, *Operating Instructions*. Depois vieram *Crooked Little Heart* (1997), *Traveling Mercies* (1999), *Plan B: Further Thoughts on Faith* (2005) e *A conquista* (2007). Também publicou *Pedir, agradecer, admirar* (2014), pela Editora Sextante. Anne, recebeu um prêmio Guggenheim, foi resenhista da revista *Mademoiselle* e crítica gastronômica da revista *California*. Lecionou redação na Universidade da Califórnia em Davis e deu palestras em muitas conferências sobre escrita pelos Estados Unidos. Mora em San Rafael, Califórnia, com o filho, Sam.

CONHEÇA ALGUNS DESTAQUES DE NOSSO CATÁLOGO

- BRENÉ BROWN: *A coragem de ser imperfeito – Como aceitar a própria vulnerabilidade, vencer a vergonha e ousar ser quem você é* (600 mil livros vendidos) e *Mais forte do que nunca*

- T. HARV EKER: *Os segredos da mente milionária* (2 milhões de livros vendidos)

- DALE CARNEGIE: *Como fazer amigos e influenciar pessoas* (16 milhões de livros vendidos) e *Como evitar preocupações e começar a viver* (6 milhões de livros vendidos)

- GREG MCKEOWN: *Essencialismo – A disciplinada busca por menos* (400 mil livros vendidos) e *Sem esforço – Torne mais fácil o que é mais importante*

- HAEMIN SUNIM: *As coisas que você só vê quando desacelera* (450 mil livros vendidos) e *Amor pelas coisas imperfeitas*

- ANA CLAUDIA QUINTANA ARANTES: *A morte é um dia que vale a pena viver* (400 mil livros vendidos) e *Pra vida toda valer a pena viver*

- ICHIRO KISHIMI E FUMITAKE KOGA: *A coragem de não agradar – Como a filosofia pode ajudar você a se libertar da opinião dos outros, superar suas limitações e se tornar a pessoa que deseja* (200 mil livros vendidos)

- SIMON SINEK: *Comece pelo porquê* (200 mil livros vendidos) e *O jogo infinito*

- ROBERT B. CIALDINI: *As armas da persuasão* (350 mil livros vendidos) e *Pré-suasão – A influência começa antes mesmo da primeira palavra*

- ECKHART TOLLE: *O poder do agora* (1,2 milhão de livros vendidos) e *Um novo mundo* (240 mil livros vendidos)

- EDITH EVA EGER: *A bailarina de Auschwitz* (600 mil livros vendidos)

- CRISTINA NÚÑEZ PEREIRA E RAFAEL R. VALCÁRCEL: *Emocionário – Um guia prático e lúdico para lidar com as emoções* (de 4 a 11 anos) (800 mil livros vendidos)

sextante.com.br